# 稼ぐ！営業はどうキャリアを築く？

DORIRU株式会社 代表取締役
キャリア教育研究家
福山敦士
Fukuyama Atsushi

年収800万円が
見えてくる
これだけの理由

玄文社

装幀　中田薫（有限会社エグジット）
編集　福永育子（オフィス福永）

# はじめに

## 「なぜ営業は嫌われるのか？ なぜ営業職は人気がないのか？」

近年、営業職に就く人が減少しています。事実、営業職の減少スピードは、労働人口の減少よりも速く、そのために営業職に就く人が減っているのです。

その理由は、「ノルマがきつい」「なかなか結果が出ない」などイメージが悪いことに加え、コミュニケーションが苦手な人が増えているためです。

たとえば現代では、銀行から融資を受けなくてもお金を集める手段がたくさんあったり、お金をかけずにできるビジネスが増えたりしています。そのため、10年20年前と比べて銀行に頼る理由が減っています。

しかし銀行に勤める営業職は、これまで通り営業をしないといけません。コロナ禍をきっかけに、新規営業の難易度が高まり、営業職を取り巻く環境はより厳しさを増しています。

また、広告代理業においても同様です。オンライン上で自ら配信できたり、個人のユーザーでも、フェイスブック、ツイッター、インスタグラム、ユーチューブなどを活用して、自分で発信できる時代になっています。そうなると、わざわざ広告代理店を介在させる理由が薄くなります。家電量販店などでの販売業についても同様です。お店に行って聞かれるだけ聞かれて、最後はオンラインで買われてしまいます。そうすると、給料が上がる理由が減ってしまうのです。メーカーは売れるから良いですが、販売店としては売上がなかなか上がりません。

このように、ビジネスモデルを変換しきれていない会社の営業職は、なかなか結果を出せない時代となっています。そして、そのような企業が日本にはたくさんあるのです。

GDPを見れば明らかなのですが、ITソフトウェアの流れに乗りきれていない業種・業界は、ビジネスモデルが進化していません。そのような会社が多い中で、もっとも怒られたりけなされたりするのが、フロントにいる営業職なのです。

## 【営業は学校で学ばないけれど社会で求められる力】

「マーケティング」「会計」「財務」に関する授業を行う学校は多数あります。しかし「営業」を教える学校は少数です。そのほとんどは寄附講座または外部講師による授業です。つまり、営業という職種はあるものの、それを学ぶ訓練校が少なく、「学生時代に営業を学ぶ」ことはできません。そのため経営者としては、なるべく若手のうちに営業をやらせようとします。本

# はじめに

社のバックオフィス部門からキャリアをスタートさせ、30代の油が乗ってきた頃に営業をさせるというキャリアはありません。

多くの経営者は「まず現場を見てこい」と言います。なぜなら、そこにビジネスの真実があるからです。多くの経営者は、営業職が現場でもっとも学べることを理解しているからこそ、キャリアのスタートに置いているのです。

最近は見かけなくなりましたが、以前は路上で名刺交換をする若者がいました。4月5月には、若い人が飛び込み営業をするのが風物詩となっていました。

初対面の人に自社・自己紹介をし、名刺交換を求めることで、話を聞いてもらう難しさを知り、顧客を獲得することの尊さを知ることができました。営業職からキャリア形成をスタートさせることは非常に有益なのです。

昨今では、いろいろな職種・働き方があります。その上で本書においても、「営業の動作」が共通して重要になっていることを認識し、営業職を中心に据えて、それを起点としたキャリア形成のポイントを紹介していきます。

## 【営業はビジネスそのもの ビジネスに関わる人すべての必修科目】

会社経営という観点から考えてみましょう。

会社経営には、「営業時間」という概念があります。事実、「営業時間は朝9時から夜18時までです」などの言葉は、ごく一般的に使われています。これを「経営時間」「経理時間」とは表現しません。「マーケティング時間」とも言わないでしょう。その理由は、営業という言葉が「業を営む」と書く通り、ビジネス・経済活動自体が「営業活動」という言葉に集約されているためです。

会社経営とは、「営業」という概念が根底にある中で、その営業活動をスムーズに行うためのマーケティング、商品開発、財務、経理、経営企画、法務などがある、という構造なのです。会社は「雇用創出」という観点でも重要な役割があります。経営者として、従業員に安心して気持ちよく働いてもらうための努力自体も、営業活動そのものなのです（従業員をお客様と捉えて考えます）。

## 【なぜ若いうちに営業をやっておいたほうが良いのか】

「営業という動作」は、他のさまざまな職種で応用可能です。

事実、多くの経営者が、新人に営業を担当させています。また、部長・役員・社長などの管理職は、営業職を経ているケースが多いです。そうでない方でも、従業員のキャリア形成には営業経験が欠かせないと理解しています。

# はじめに

その理由は、他の職種にキャリアチェンジしたり、昇進昇格したりする中で、営業経験が活かせるためです。具体的には、本書で紹介する「仕入れ・販売・運用・突破・発想」という5つのスキルを身につけられるのがポイントです。

たとえば、野球で考えてみましょう。

野球の基本動作は4つあります。「打つ・投げる・走る・捕る」です。このうち、打つのが得意な人はバッターとしてがんばればいいし、投げるのが得意な人はピッチャーとしてがんばればいいでしょう。これは、チームで戦うスポーツだから成り立ちます。

ビジネスも同様です。

1人ですべてができる必要はありません。自分自身の得意分野、スキルを理解することが重要です。自分が不得意なことは、人に頼ることも必要です。AI、DXの普及にともない、より個人の専門性が求められる時代になりました。「営業」さえも分業化が一般化しています。この流れは不可逆です。

営業には、今、ここにないもの・ことを仕入れる力、今、ここにあるもの・ことを販売する力、営業活動を最大化、最適化するための運用する力、難局を突破する力、成果のケタを変える発想力の5つに分類できます。

これら5つの力は、営業以外の業務でも活かされます。

それはすなわち、キャリアの選択肢が増えることと同義なのです。

# マーケティングとの違い（Webマーケティングとフィールドマーケティング）

営業と同様に「マーケティング」も非常に深いテーマです。「マーケティングとは何か」を説明しようとしても、実際は、なかなかうまく説明できない人が多いのではないでしょうか。

昨今、マーケティング業務は「オンライン上での集客」を指すようになりました。昭和後期から平成中期は、テレビを使って商品の認知度を高め、実際の店舗で販売するというマーケティング手法が一般的でした。

しかし、平成後期から令和にかけては、20代30代以下の人はSNSを見ている人が圧倒的に増え、デバイスもPCからスマートフォンへと移行しました。これまでテレビを見てきた高齢者もYou Tubeを見る時間がテレビを上回っているという調査もあります。

個人的な趣味嗜好をとことん追求できる時代においては、マスマーケティングが効きづらくなり、「One to One マーケティング」という言葉もよく聞かれるようになりました。

ユーザーごとにコンテンツを出し分けることは、突き詰めると、営業活動と同じでしょう。

これを応用しているのが、昨今台頭している「BtoBマーケティング」です。

この10年、日本ではBtoBマーケティングの市場が飛躍的に拡大し、解像度も上がってきました。BtoBマーケティングは、旧来型のマーケティングと営業活動が密接に絡み合っている

# はじめに

典型例と言えるでしょう。

現状、日本にある法人約４００万社は、マスマーケティングで完結できる会社と、営業しないと決裁が通らない会社の２つに分けられます。そこに、マーケティングと営業の違いがあり、それぞれの存在意義があるのです。

マーケティングを学んできた人は、「マーケティングの中の営業」という表現をし、営業を学んできた人は「営業活動をスムーズにするためにマーケティングがある」という言い方をしています。しかしそれは、流派による捉え方の違いでしかありません。

たとえば、ビール会社で「新しい発泡酒を作ろう」という企画があったとします。その中で「高齢者向けにしよう」「20代向けにしよう」などと絞り込んでいくと、マーケットの大小、規模感がわかり、そこからマーケティング的な掘り下げも行われます。

一方で、店舗への営業は営業職が行います。たとえばコンビニ、スーパーへ行き、その店の特徴を踏まえた上で置き場、陳列方法などを相談するわけです。その良し悪しで売上も変わってきます。

このように、マーケティングと営業はどちらが有利なのではなく、双方の観点からビジネスの成功を目指す両輪なのです。

一般的には「マーケティング＝広い」「営業＝狭い」と捉えられやすいのですが、そうではありません。

結果から逆算すると、必ずしもマーケティングがあるから営業が成り立つのではなく、マーケティングが失敗したとしても、営業ががんばれば成立することもあるのです。

僕の体験を話しましょう。

僕が株式会社サイバーエージェントに入社したとき、ベンチャー企業の営業とは「売れない商品を売ること」だと言われました。そうして会社を〝助ける〟のがベンチャー営業の仕事なのだと。

では、なぜ売れない商品を売らなければならないのでしょうか。

その理由は、すべての新規事業が最初から素晴らしいものとは限らないからです。

成立するかどうかもわからないサービスもあり、またシステムが不具合・バグだらけのケースもあります。

そんな状況で商品・サービスを売り、お金をもらって、そのお金で次の開発をしていくのがベンチャーなのだと学びました。

このことは、実は大手企業でも同じです。

「こんな車、売れないよ」と言っても、なんとか帳尻を合わせてお客様と自分の会社をWIN―WINにすることができるのは営業だけです。

また、マーケティング部の部長が新卒をマーケティングに配属させるかというと、そうしたケースはほぼありません。やはり営業を経験させてから、マーケティング部に呼びたいと考え

# はじめに

ます。

僕の会社DORIRUも同様です。代表取締役になった今、人材育成を考えたとき、「まずは営業から」という思いが強くなります。

そこで本書では、必ずしも「マーケティングは広く、営業は狭い」という理解ではなく、それぞれの特性を理解した上で、営業職で身につくスキル、能力の汎用性について解説していきます。

とくにキャリア形成の観点から、営業職に就くことの意義と、そこからもたらされる自己実現について述べたいと思います。

# もくじ

Contents

# 第2章 営業↓トップセールス

Contents

# 第3章 営業↓営業部長

# もくじ

Contents

もくじ

Contents

# もくじ

# 第1章
# 営業の5つの力とは?

1 仕入力
2 販売力
3 運用力
4 突破力
5 発想力

# 1「仕入力」

営業における「仕入力」とは、主に次のようなものを指します。

- ●0→1を生み出す力
- ●今ここにないものを仕入れる力
- ●新規案件を生み出す力

よく「あの人は営業ができる」「あの人は営業ができない」などと言うことがあります。この場合の「できる・できない」は、野球が「できる・できない」に近いです。

仕事も野球もそうなのですが、具体的に何が「できる・できない」のかが明確になっていません。そこで、その内容をより深堀りすると、何を改善するべきかがわかります。

たとえば、プレゼンは苦手だけど情報をまとめる技術は高かったり、プレゼンは上手いけれど情報収集は苦手なケースもあります。

仕事は、その業務内容を分解すると、いくつかの動作に分けることができます。

たとえば、「コミュニケーション」も動作に分解すると、「書く・読む・聞く・話す」の４つに分けられます。

そこで本書では、営業に求められるスキルを「仕入れ・販売・運用・突破・発想」の5つに分けて解説しています。そのうちの仕入力とは、「ないものを仕入れる」能力のことです。

つまり、まだここにないものを仕入れることで、ゼロイチを実現したり、新規案件を生み出したりするのが、営業における仕入力となります。

コンビニなどのショップ店員を例に考えてみます。

店員さんは「この水をください」と言われると、「100円です」などと言って販売します。ただこれは、店員さんに営業力があるから売れているのではありません。これまでそこになかった商品を仕入れて販売するルートと仕組みをつくった人に営業仕入力があったからこそ、ビジネスとして成立しているのです。

僕の古巣であるサイバーエージェントも同様です。同社は、今でこそ日本を代表するインターネット企業になっているのですが、最初は営業代行業からスタートしました。当時の主力商品は「クリック保障型広告」の商品を仕入れて販売していました。

1998年当時は、広告効果を可視化できる「クリック保障型広告」の商品は非常に珍しく、それを代理販売することで収益を上げ、創業から2年とわずかで会社を上場させています。

その過程で、知人を通じて知り合った堀江貴文さんに自社オリジナルの「クリック保障型広告」開発を担当してもらい、自社商品化することで飛躍的に成長しました。

同社の成功は、販売力もさることながら、社長自身が商品を仕入れたことが成功の要因です。時代、市場が求めているものを供給量が少ないタイミングで仕入れることができたからこそ、販売をスムーズに行えたのです。

この販売を拡張していくと、小さい会社に1万円で売るより大きい会社に100万円で売ったほうが効率的となり、その次の段階「運用」へと進んでいきます。つまり量産するわけです。その点については後述します。

以上のことから、仕入力は、営業スキルの中でもっとも重要なものと言えます。極端な話、仕入力と次の販売力さえあれば、基本的な営業活動のすべてを説明することも可能です。ただし、とくに本書では、営業職にともなうキャリア形成の観点から、「運用・突破・発想」も加えて5つのスキルとしています。

最初の現段階では、そのうちの仕入力がもっとも重要な能力であることを理解しておきましょう。

## 2【販売力】

次に、営業における「販売力」について見ていきましょう。主に、次のようなスキルを指しています。

## ●1➡2再現する力
## ●あるものを売る力
## ●店舗スタッフ、不動産販売などに求められる販売力

たとえば、会社の会計には「販売管理費」と「仕入れ原価」があります。会計の世界ではどちらもPL(損益計算書)に含まれる、言わば「出ていくお金」です。つまり、いずれも〝コスト〟というわけです。

では、何が異なっているのでしょうか。

仕入れ原価は、売上を作るための原価です。物を売るときには、その前提となる仕入れが必要です。そのため、開発コストも含めて仕入れ原価がかかります。

他方で、販売管理費は、会社経営をする上で必要な費用です。具体的には、売上が上がっても上がらなくても必要となる「地代家賃」「給料」などを含みます。

このように同じコストでも、「販売管理費」と「仕入れ原価」の概念は異なっています。

これを営業に当てはめると、会社は商品がなければ何も売れないため、営業が「仕入れる」ことがもっとも重要だとわかります。※商品開発は金額や計画によって資産計上をするため、直接的に原価にならないことがあります。が、ここでは割愛します。

ビジネスは、「仕入れて売る」ことが基本的な構造です。その仕入れこそがゼロイチを生み出す力であり、本書で言うところの仕入力です。これがないとビジネスが立ち上がりません。

一方で、成熟した産業・会社においては販売も重要となります。たとえばビール会社は、新商品の企画・開発も行っていますが、事業の中心は既存の銘柄を売ることにあります。つまり販売です。事例で考えてみましょう。

僕の会社「ＤＯＲＩＲＵ」では、主にサービスを提供しています。２０１７年の創業ですが、国内外の上場企業、ＩＴ企業を中心に約３００社の取引実績があります。販売力には自信があるのですが、その前提として、販売する商品を仕入れなければなりません。つまり、仕入れられた商品を売ると同時に、新たに売れる商品を仕入れなければならないのです。そのための商品仕入れの交渉が不可欠となります。

良い商品を仕入れられれば、販売も楽になります。他方で差別化が難しい商品、たとえばインターネット回線、ウォーターサーバーなどは販売も難しくなりがちです。そのような商品の販売には「ＧＮＰ（義理・人情・プレゼント）」が必要とも言われています。

また、販売を楽にするために良い商品を仕入れないと、販売営業をする営業職が疲弊してしまいます。

別の事例として、僕が株式会社オープンハウスで戸建てを売っていたときの例も紹介しましょう。

当時は販売営業を行っていたのですが、会社の方で既に東京都心の良い土地（駅徒歩圏内）を仕入れていたため、誰がやっても売れる商品になっていました。そのせいか、たまたま僕が声を掛けたお客様が1か月で5件で買ってくれたこともあります。

そのときは「さすが営業力がありますね」と言われたのですが、僕自身は「仕入れが素晴らしい」（商品力が高い）ことに気付けたため、売れるのは必然だったと感じました。

ちなみにオープンハウスでは、町の不動産屋に1軒1軒飛び込み、「良い土地はないですか」「売れていない土地はありませんか」などと営業をかけて仕入れを行っていました。

単純に「数打ちゃ当たる」わけではなく、販売実績や人の動向を見定め、駅を絞り込んで1つのエリアを開拓する、いわゆる「ランチェスター戦略」で各地域を攻略していました。

北千住なら北千住を、錦糸町なら錦糸町をというかたちで、集中して営業職を投下していました。良い土地はオンラインでは掲載されないこともあり、そうした営業職による水面下の営業が強力な仕入力を形成。その先の販売にもつながっています。

これらの事例を踏まえ、改めて営業職のキャリア形成について考えると、販売で結果を出したからといって、必ずしも「営業力がある」とは言えません。それだけでは断片的な評価に留まります。

営業販売力が活きる仕事と、営業仕入力が活きる仕事はそれぞれ違うのです。まずは、それぞれの違いを把握しておきましょう。

# 3【運用力】

営業における「運用力」には、次のようなものが挙げられます。

- ●1→10に量産する力
- ●改善点を見つける感性（気付き力）
- ●改善をして良化させる力（数字と向き合う、数字で答える）

たとえば「1を10に量産する」に関しては、数字に特化すること、つまり数字から逆算して営業活動を設計することで実現できます。

具体的には、小さい会社に1万円の商品を100社売るよりも、100万円の商品を1社に売ったほうが効率的です。

同様に、同じ100社に売るのなら、より高い商品を売ったほうが良いかもしれません。ただ、高額商品は売れるまでのリードタイムが長いことから、1万円の商品を1千社、1万社に売ったほうが早いケースもあります。

これらを数字で可視化し、自社の営業ソースと照らし合わせ、戦略を決めて実行・改善することが、営業運用力となります。

言い換えると、勝ちパターンを見つけたら量産するのが営業の仕事です。量産するためには、属人的な営業活動をやめ、できるだけ仕組み化するのが重要です。

こうした発想とは異なるのがコンサルティング営業です。コンサルティング営業は非常に属人的な手法で、基本的には一人ずつ対応していくやり方です。その場合、個別最適にはなっても、全体最適になるとは限りません。

商品・サービスによって向き不向きもありますが、少なくともコンサルティング営業は、量産とは逆の方向にベクトルが向いていることを理解しておきましょう。

さて、営業運用力の事例としては、サイバーエージェントの「太客戦略」です。

２０１１年当時、インターネット広告代理業において取引社数を絞って1社あたりの取引客員を増やす戦略をとりました。その結果、同社のインターネット広告の取引先は10年で6倍以上の規模に成長しました。

ここに、新規開拓という発想はありません。より大きな予算（課題）と向き合い、総合的な提案を施すことで、預かり予算額を増やすというやり方です。そこをゴリゴリと深掘りしていくのです。これが太客戦略であり、広告代理店としては正しい戦略です。

一方でオープンハウスは、明確に量産を行っています。都心に増え続ける世帯数の中で、類似するファミリー属性を分析、ターゲットにして、類似した商品の販売を続けています。

競合他社は、野村不動産、三井不動産、住友不動産などの大手ですが、彼らは全国に販売店を設け、地域ごとに、それぞれのお客様の課題に合った商品を販売しています。つまり、セントラルで仕入れをし、ローカルに販売しているのです。チェーンのコンビニやスーパーと同じ発想です。

しかしオープンハウスは、都心でのビジネスに集中し、特化しています。過去には「東京に家を持とう」というコピーを打ち出して、現在も東京ヤクルトスワローズのトップスポンサーを務めるなど、領域を絞ったマーケティング&ブランディングを実現しています。

「都心の人口が減ったらどうするのか」と思う人もいるかもしれませんが、同社はマーケティングデータを基に、営業エリアを集中しています。量産できる状態までKPI分析を施し、「1人の営業職が年に何軒売るのか」「平均単価はいくらか」などをもとに、何人採用すれば何億円の売上が立つのかを計算しているのです。結果、2013年の上場以来、増収増益を続けています。とくにオープンハウスは、営業運用力が非常に長けている会社と言えるでしょう。

また、僕が経営するDORIRUも、お客様に応じて太客戦略を促しつつ、基本的には量産できるサービスを扱っています。たとえば、BtoB向けのソフトウェアなどはまさに量産可能な商材です。

量産できる商品の仕入れを行い、KPI分析を施して、ひたすら営業活動を展開すること。それが、DORIRUの強みでもあるのです。

# 4【突破力】

営業における「突破力」とは、次のようなスキルのことです。

- **-1↓1にする逆転力**
- **積み重ねの最大化**
- **気合と根性と、ちょっとした工夫**

ひと言でいえば、突破力は「逆境を跳ね返す力」と表現できます。

たとえば、「このご時世、コピー機なんか売れないよ」「新しくパソコンを作ったところで誰にも買ってもらえないよ」など、レッドオーシャンの領域で力を発揮します。

あるいは、マイナスな印象のある業種、業界、会社などにおいて、そのイメージを吹き飛ばして物事を達成する力もまた、営業突破力であると言えるでしょう。

たとえば、オープンハウスの例を挙げると、日本の総人口が減っていく中で、「家を買う人は減るだろう」と考えるのが普通です。そのため家を売るビジネスは、ある意味〝オワコン〟であるとも思われます。

しかし、「東・名・阪」などの都心部だけで見るとどうでしょうか。それらの地域には人口が集中しており、十分に商機があります。人口ではなく、「世帯数」を見ると明らかです。

また、「持ち家は負債になるのではないか」という意見もあるでしょう。その中であえて、戸建を買ったほうがいい人をターゲットにしています。買ったほうがいい人とは、都市に勤める共働きの夫婦。職住を隣接させたいものの、永住するつもりはない方のことです。

ただし、共働きのパワーカップルはマンション購入を検討するため、コストパフォーマンスに魅力を感じる人がメインターゲットになります。当然、世帯年収も絞り込めます。

資産価値の高い土地であれば融資が通りやすいため、販売効率が高いのです。そうすることで、一見、斜陽産業に見える住宅業界の中でも右肩上がりの成長を実現しているのです。

このようなオープンハウスの事例は、仕入力・販売力・運用力も含め、突破力を発揮している例と言えるでしょう。

DORIRU株式会社も同様です。

DORIRU株式会社では、多くの人が厳しいと考える「営業の代行」を事業にしています。

しかも、自分で調べて判断する時代、かつコロナ禍においてです。

ただ、よくよく考えると、とくに大手企業の場合はサービスの導入に他社からの営業が欠かせません。なぜなら、自分たちだけでは判断できず、稟議にもかけられないためです。

しかし、外から営業をかけられたのであれば、話が進むこともあります。たとえば大企業の

ＤＸを促進するには、外部からの営業も必要なのです。

その中でＤＯＲＩＲＵは、ＢtoＢのソフトウェアをインサイドセールスで販売することに絞っています。訪問営業などの昔ながらの営業代行ではなく、オンラインに特化しているのです。

そうした戦略により、営業というみんなが避けがちな業界において、一人勝ちしている状態です。まさに、逆境を突破することで類まれな地位を築いているのです。

このように突破とは、必ずしも単体で機能するわけではありません。やはり、仕入れ、販売、運用を組み合わせた先にあります。これらを積み重ねてこそ、大きな成果が得られるのです。

歴史を紐解いても、成功者は営業突破力が高いです。

たとえば、マイクロソフトのビル・ゲイツ、アップルの創業者スティーブ・ジョブズなどは、まさに営業突破力によって事業を大きく成長させています。

ビル・ゲイツに関しては、ＩＢＭから「Windows の原型となるＯＳを作ってほしい」という仕事を請け負ってから、それを知人に作らせて、10倍くらいの価格で売っています。

当時の彼には何もなかったけれど、「これお願いできる?」と言われて「できますよ!」と回答した営業仕入力と、商品を仲間に作らせて販売する力、それらを組み合わせて突破する営業力を発揮したのです。

またスティーブ・ジョブズも、試作品のコンピューターを作って持って行ったところ、「それいいね」となり、そこで「２００台作ってほしい」と言われて、「分かりました」と答え、その案件を仕入れています。

普通であれば、「200台も作れませんよ」となるでしょう。しかし、そこで「できますよ！」と言って仕入れてしまうのが、成功する起業家ならではの力量と言えるかもしれません。

とくに創業者というのは、そうしたやり方を駆使しながら、営業突破力を発揮し、ビジネスを成立させています。

# 5【発想力】

最後に、営業における「発想力」について見ていきましょう。主に、次のようなスキルを指します。

- **●1→100にする爆発力**
- **●アイデア、企画、発想力**
- **●レバレッジ思考（掛け算を生み出す）**

たとえばサイバーエージェントの例として、他社からクリック型保障広告の商品を仕入れ、代理販売した場合。100万円の受注だとしても、粗利率が50％だとすれば、それを折半すると25万円しか利益が残りません。

そこで、自分たちで商品を作ることによって、利益を大きくする。そうして会社を大きく成長させるのです。そのような思考が発想力です。一見ズルいように思うかもしれませんが、こうした考え方が営業においては重要です。

同じ商品を100個売ったとき、2500万円しか儲からないところ、自社開発によって最大2億5000万円の利益にする。ここに、発想力がもたらす爆発力、あるいはレバレッジがあるのです。

数字から逆算して考えると、仕入れる商品を自分たちで作るというのが、発想力における1つの正解となるでしょう。

たとえばDORIRUにおいても、まずは自分たちが営業力を身につけてから、その先にある商品を自分たちで作ることで、利益率が大幅に上がるという状態をつくっています。事実、そのための準備が着々と進められています。

またオープンハウスも考え方は似ています。

同社は当初、「センチュリー21」という世界企業のフランチャイズ加盟店でした。仮に、1億円の物件を売って仲介手数料が3%だとすると、約300万円の収益があっても、そこから加盟料を取られてしまいます。

そこで、加盟から外れ、かつ仲介ではなく自分たちで建てるほうへとシフトしていったのです。いわゆる「製販一体型」への移行です。

具体的には、建設会社を買収し、家を自社内で作れるチームと、売れるチームを組成しています。その上で、すでに述べたターゲットの絞り込みを行っています。

すると、利益率が一気に上がります。売り手と買い手の双方から3％ずつ取っているので、利益は6％。1億円の物件を売れば、先程の倍の約600万円です。それがまるまる利益となります。

そうなると、同じ活動をしていても利益が大幅に向上します。そうした仕組みを、加盟店の段階から徐々に構築してきたのです。こうしたステップは、発想力と突破力の賜物です。

また、売上の最大化については、様々な工夫が可能です。

たとえばDORIRUでは、1社あたりの売上を最大化しています。そのためには契約期間を延ばす必要があるのですが、これまで月額の「リテイナーフィー（運用費用）」をいただいていたお客様に対し、「月額固定費用＋成果報酬」の商品を作ることで、欲しい商談数、アポイント数だけ発注できる仕組みをつくっています。

その結果、契約期間の延長と解約率の減少を実現しているのです。

少し視点を変えて、野球で考えてみましょう。

「野球がうまくなりたい」と言っても、中学、高校、大学、社会人、プロを目指す過程で、言葉の定義を分解する必要があります。

具体的には、打つのが得意なのか、投げるのが得意なのか。もしくは投げる場合でも、先発型なのか中継ぎ型なのか、抑え型なのか。そのように分解していかないと、プロフェッショナルとしては通用しません。

大谷翔平選手のような天才は「野球がうまい」のひと言で済むかもしれませんが、そういう人はどの世界でも稀でしょう。営業においても同様で、そのスキルを分解して理解することが大切です。

その上で、どこのスキルで戦っていくビジネスパーソンになるのかを考えるのです。そうしたキャリア思考の中で、自分はどの力を伸ばすべきか、どの領域が向いているのか・向いていないのかを見極めていきます。

そのためのきっかけとして、本書で紹介する5つの営業力を軸に、これからの営業キャリアについて考えていきましょう。

# 第2章
# 営業
# ↓
# トップセールス

## シンプルにNo.1を目指す

狙える年収レンジ

**800～1500万円**

# トップセールスを目指せる環境選びが重要

第2章では、「営業➡トップセールス」について解説していきます。

トップセールスとは、営業として結果を積み重ねた先にあるキャリアのことです。つまり、営業力を身につけて別の職種にチャレンジする前か、あるいはそのまま営業として突き抜けた先にあるキャリアとなります。

言わば、「スペシャリストとしての営業職」と言えるでしょう。

トップセールスを目指す際に重要なのは、環境選びです。なぜなら、実力だけではどうにもならないケースが多いからです。

たとえば株式会社リクルートには、トップセールスが何人もいると言われています。その理由は、トップセールスを目指せる環境があるからです。

具体的には、2つのポイントがあります。

1つ目は、「商品が強い」ことです。

『ホットペッパー』『タウンワーク』などは誰もが知っていますし、今ではそれらに掲載しないと人が集まらない状況がつくられています。そのため、非常に消費量が多いのです。つまり販売する余地が残されており、販売をがんばればがんばるほどトップセールスパーソンになることができます。

2つ目は、「部門（部署）が多い」ことです。

リクルートは、グループ会社も含めると、非常にたくさんの部門があります。そのため、各部門においてトップセールスを目指すことができます。「リクルートの社員はみんなトップセールスと言っている」などと揶揄されることもありますが、実はそうした環境を構築していること自体がトップセールスを量産、輩出する仕組みなのです。

事実、これほど多くのトップセールスを生み出せる環境をつくることは、会社経営として非常に難易度が高いです。

このように、ヒット商品をつくり、それぞれの専門性を訴求すれば、その数だけトップセールスが誕生します。

事実、『タウンワーク』も『ホットペッパー』も、あるいは『ホットペッパービューティー』も、それぞれのメディアの専門性が確立しています。

たとえば『ホットペッパービューティー』では、「東海エリアの美容院」「ネイルサロン」「男性メイク」「ヘアスタイル別」「24時間ネット予約可能」などと絞り込み、細分化することで、専門性が上がります。そこで求人を出せば何人ぐらい集客できるのかが目算でき、専門性が上がり、トップセールスになれるのです。

その点、最大のポイントは、領域を絞り込むことにあります。

# 【トップセールスが生まれにくい環境とは】

一方で、トップセールスが生まれにくい環境もあります。

1つは、「知名度が著しく低い」こと。とくに中小企業は、その会社自体が知られていないことも多いです。名刺交換をしても、知らない会社だと興味が湧かなかったり、そもそも覚えてもらえなかったりします。

そのため、知名度がない環境はトップセールスを目指しにくいでしょう。もっと言うと、知られていない会社のトップセールスになったところで、その後のキャリアにはなかなか活かせません。

その凄さが伝わらないと、キャリアアップにはつながらないのです。

もう1つは、「文化」についてです。営業職が脚光を浴びるかどうかは、その会社の文化が関係しています。

たとえば、ものづくりが強い東芝の場合、トップセールスになるよりも商品企画で活躍したほうが注目されやすいです。加えて、営業の人間が社長になる可能性も少ないでしょう。

また、任天堂、もしくはバンダイナムコのトップセールスなども聞いたことがないはずです。やはり商品力が強いために売れているのであり、企画がすべてであるため、構造上、営業社員が評価されにくいのです。

従って、トップセールスになる際には環境選びが重要となります。とくにキャリア形成においては、環境を間違えるとその後のキャリアを築きにくくなります。あるいはキャリアが実にならないこともあるでしょう。

ただし、トップセールスとして転職できなかったとしても、キャリアアップのための転職は可能です。同じ成果を出せる人が周りにいない環境であれば、それが出世にはつながります。

そういう意味においては、営業のスペシャリストとして、「役員を狙う」「ポストを狙う」など、ブルーオーシャン戦略にもなり得るでしょう。

東芝でも任天堂でも、営業は必ず必要ですし、そのための部署もあるでしょう。店舗・卸売店との折衝が必要だからです。こうしたパイプラインは、社内でゲームを企画開発している人だけだとなかなか得られません。

マネジメントの実績ではなく、スペシャリストとしての実績を持って会社の役員ポストを狙うキャリア戦略は、本書の第9章で紹介するような役員等のキャリアにつながります。

## 【狙える年収レンジ（800～1500万円）】

トップセールスが狙える年収レンジは、会社によってまちまちです。あくまでも参考としてですが、転職市場の数字をもとに算出すると「800～1500万円」規模になります。

ちなみに、転職市場を考慮しない場合、年収は会社のルールに依存します。事実、ぜんぜん給料が上がらないトップセールスもいますし、2000万、3000万と稼ぐトップセールスもいます。当然、本人の成果にもよるでしょう。

ですので、ここでは、転職市場において上記の年俸のオファーが多い相場であると認識しておいてください。

# 1【仕入力】良い商品、良いお客様と出会う

トップセールスにおける「仕入れ」とは、良い商品、良いお客様に出会うことに他なりません。

先程の環境選びにも近いのですが、「良い環境」がそのまま「良い商品」となっているケースもあります。

たとえば、僕がサイバーエージェントにいた頃。グループ会社、あるいはその領域において、トップセールスになることができました。それはひとえに、20代前半でビジネス経験が乏しかった僕でも売れる商品に出会えたためです。

当時、2011年頃は、スマートフォンが今ほど普及していませんでした。その中でスマー

トフォンのサービスを作ることは、会社のお偉いさんである40代、50代、60代の方々はあまり考えていなかったのです。20代かつ一番時間が空いている僕が着手したからこそ、立ち上がるビジネスでした。

ですので、これから確実に伸びるけれど実践する人が少ない領域で商品を仕入れられたことが、活躍できた理由となります。敵がいないため、トップセールスにもなりやすいのです。

同様の理由から、良いお客様と出会うことも重要となります。

次項の「販売先」にもつながる話なのですが、販売先を探すことも仕入れの一種です。つまり、何度も買ってくれるお客様を見つけること自体が仕入れであり、それが良いお客様というわけです。

営業は、取引がなかった会社から取引を得ることが、「新規開拓」としての仕入れとなります。一方で販売は、すでに取引があるお客様に何度も売っていく行為です。

そのことから、何度も買ってくれる取引先を見つけることが、トップセールスになるためのポイントとなるのです。

具体例を挙げて考えてみましょう。

ほとんどのトップセールスは、良いお客様、つまり〝太客〟をつかまえているのが実情です。

僕の場合も、バンダイナムコエンターテインメントさんなどから仕入れることができ、そこで何度も取引してもらい、ビジネスチャンスが生まれた結果、トップセールスへと上り詰めました。

もちろん、僕がガンガン営業をしていたこともあるのですが、やはり「1社で8割の収益を生む」という状況をつくれたことが大きいです。これは僕だけでなく、いろいろな領域、いろいろな会社のトップセールスにおいても同様です。

むしろ、「数百社に販売している」などのケースは少ないでしょう。それよりも、1社か2社、良いお客様をつかまえることがトップセールスへとつながりやすいのです。

余談ですが、水商売の世界で活躍している方も同じようなことを述べています。たくさんの人を相手にすると顧客育成が追いつかないため、1人ないしは2人の上客との関係性を深めることでビジネスを完結させているのです。

お客様に入れ込んでもらい、自分がナンバーワンになることの喜びをともに分かち合う仕組みです。そのような領域・業種でも、トップセールスは太客をつかまえています。

ここまでの内容をまとめると、仕入れとはつまり太客をつかまえることであり、それがトップセールにおいてもっとも重要なことと言えます。

# 2 「販売力」

## 売れる商品をこれでもかというくらいに売り続ける

トップセールスにおける「販売力」とは、売れる商品をこれでもかというくらい売り続けることにあります。

いわゆる「クロスセル（併売）」「アップセル（客単価向上）」などは、そのための基本となります。それこそ、1人のお客様にすべての商品を買ってもらうくらいのイメージです。

また、BtoBでは「ドアノック商材」があります。最初の取引で安価な商品を販売して実績をつくり、「こういう困りごとはありませんか」「こういうサポートは必要ではありませんか」などと話し、2つ目、3つ目の商品を売ります。BtoCでは「バックエンド」などと呼ぶこともあります。

いずれにしても、各段階を経て取引件数を増やしていくこと。それがトップセールスにおける販売力となります。

ここで重要なのは、お客様の数を増やすのではなく、客単価を増やすことです。その理由は、1回取引をしたお客様と、まだ取引していないお客様とでは、販売の難易度が変わるためです。同じ営業コストをかけるのなら、過去に購買してもらった際の信用情報をもとにもう1つ売るほうが効率的なのです。

事実、販売営業では、お金がかかっていないように見えてもコストがかかっています。たとえば、8時間労働で20日働くとした場合。時給単価で換算すると、「1時間あたりの接客」「1時間あたりの営業活動」のコストが明確になります。

その中でもっとも効率の良い方法を考えると、1回買ったお客様にもう1回売るほうが効率的なのは当然です。その点、販売営業は、1回2回3回と販売を徹底して繰り返せるかどうかにかかっているのです。

実は、こうした行為をやりきれていない会社は多いです。僕の会社でも、完璧にやりきれているかというと、そうではありません。

なぜなら、新規のお客様を探すことが美徳とされていたり、1回商売が成立すると安心してしまったりするからです。そのため、「これを売ったら1か月後にこれを案内しよう」などという戦略的な行動ができていません。

そうした行為を代替するのが「マーケティングオートメーションツール」です。マーケティングオートメーションツールを使えば、「新規登録をしたら2週間後にこういう案内を出す」「3週間後にはクーポンを配る」「購入後は、○か月後にフォローする」などの工夫が可能です。あるいはメルマガなども同様です。

やはり、トップセールになれるかどうかは、1回買ってもらった人に、2回3回と販売していくこと。それを徹底できるかどうかにかかっているのです。

# 3【運用力】

## メンタルコントロール（続けるための理由を言語化する）

トップセールスにおける「運用力」は、コスト効率を考えるのがポイントです。KPIを設定し、どこに何件売っていくのかを考える中で、「何件訪問し」「何件商談ができ」「何件受注して」「何件クロスセルができるのか」などを可視化していきます。

そうすることで、どこに一点突破するべきかを計算できます。その際、一般的な営業運用力が持続したと仮定すると、結果的に、分母が一番大事との結論に帰着します。

BtoBでもBtoCでも、結果は確率論です。10件営業をして、10分の10決まることはほぼありません。従って、ほとんどの営業活動において、この分母を増やすことがすべてのソリューションになるわけです。

もちろん、10分の1を10分の2にすることも可能ですが、それよりも分母を増やしたほうが得られる成果は大きくなります。また、分母を増やさないと太客にも出会いにくくなるでしょう。そこに、大企業がテレビCMをやめない理由があるのです。

さて、分母を増やさなければならない営業において、トップセールスを目指すには、新規顧客開拓のために動き続ける体力が必要となります。体力の限界まで一定の商品を一定の顧客層に届け続けることで、機会はどんどん増えていきます。

ただし、「新規開拓」を続けるための理由がないと単なる〝数字の奴隷〟になってしまいます。そこからメンタルを病む人も多いです。たとえば、外資保険会社のトップセールスなどは、その壁を越えて、徹底して特定のターゲットを狙い続けています。

その場合は、気合いと根性に加えて「データドリブン」であることが求められます。

つまり、営業の数字に自分の人生をアジャストすることで結果を出し続けるのがトップセールスというわけです。

そう考えると、営業に集中しているときは、仕事と生活のバランスを無視することにもなりかねません。スポーツの世界もそうですが、過度に練習をやり続けると、肩を壊したり足を壊したりします。結果に追われる恐怖からドーピングに向かってしまうこともあるでしょう。

人間としての生命活動と数字への忠実さは、一定のところまでは利害が一致するものの、やりすぎるとオーバーワークになってしまうことも考慮しておくべきでしょう。

トップセールスのままワーク・ライフ・バランスを維持しようとすると、ビジネスに追われ続ける人生になってしまいます。

しかし、だからと言ってワーク・ライフ・バランスばかり重視していると伸び代を得られません。一定の期間を定めたうえで、ライフスタイルの安定を無視して「オリャー」っと、しゃかりきに数字の奴隷になってやり続ける体験も重要だと僕は思います。尋常ではない結果を出すなら、尋常ではない努力はセットです。そのときに必要なのが、メンタルコントロールです。

具体的には、自分なりの「続ける理由」を言葉にしてみること。その上で、どこまでやるか、どのくらいまでやるのかをきちんと自分なりに説明できるようにしておくことが大切です。

僕の場合、目先の営業数字（業績）を追いかけるだけでなく、その先の会社メンバーや家族の自己実現を達成することとセットで目標設定することで、自分が経営者としても新規開拓を続けられています。

# 4【突破力】

## 敵は弱い自分。限界値を決めずに記録を更新し続ける覚悟を

トップセールスに必要な「突破力」は、弱い自分こそ〝敵〟なのだと理解することです。そして、自ら限界値を決めずに、最高成績を塗り替え続ける覚悟が必要となります。

商品が一定であることを前提にすると、結果を出すためには動き続けるしかありません。その過程で自分がトップになると、基準は自分自身になります。つまり、自分のやった分がトップの行動になるのです。

たとえば、100人の営業職がいたとしましょう。その中で自分がトップになると、「単月1億円」など、自分が上げた数字がみんなの目標になります。

そこを突破するには、自分を超えなければなりません。新人の頃はトップの数字を目指せばよかったのが、いざ自分がトップになってしまうと、弱い自分が敵になるのです。

トップセールスが休むと組織も緩みます。トップセールスは、自分を戒め続けるしかありません。それは「去年より良くなった」などの話ではなく、限界を突破し続ける覚悟が必要です。

しかし、多くの人がトップセールスをやり続けられません。ほとんどの場合、トップセールスになると辞めるか転職しています。

その理由は、「このままでいいのか」と考えてしまったり、あるいはトップを張り続ける自信がなかったりするためです。そのため、マネージャーになったり人事で教育したりする立場になる人も多いです。

組織経営上は、そのような変化もポジティブに捉えられるのですが、トップを取ることはそれだけプレッシャーがあるのだと理解しておくべきでしょう。

具体的な例で考えてみましょう。

たとえば、メジャーリーグでも活躍したイチロー選手。彼は、過去最高をずっと続けることを継続しました。だから今でもレジェンドとして讃えられています。

一方で、20代でホームランを30本打ったり、首位打者になったことがあったりする人はごまんといます。でもそれだけでは、トップを維持することにはなりません。

トップセールスとは、1回トップになればいいわけではなく、トッププレイヤーであり続けてはじめて得られるキャリアなのです。

大谷翔平選手、ヤクルトの村上宗隆選手など、若くしてトップになった人は当然、この先、その水準を維持し超えていく覚悟をもっていることでしょう。

僕自身、そのような人から教えを受けています。

具体的には、外資系金融機関で20年間以上トップセールスを続けている水谷功さんは、50代になっても「部長」「所長」「役員」などにならず、現場の第一線に立ってトップセールスを続けています。結果に満足せず自身の知見を高めるべく、情報収集・発信を続けること、毎月新しい出会いを自らに課すこと、新しいテクノロジーを積極的に業務に取り入れる姿勢など。水谷さんのようなトップセールスから学べることは非常にたくさんあります。それらが営業職員6000名を超える会社でトップセールスを続ける所以であり、本書で言うところの突破力でもあるのです。

# 5【発想力】

## 直属の上長の言うことを無視する（出し抜く）

トップセールスにおける「発想力」とは、上司を出し抜くことにあります。ときには直属の上長の言うことを無視するといった行動も必要です。

どんな業種でもトップを目指す場合「守破離」の順番で取り組むことが求められるでしょう。しかし、ビジネスの世界は極めて状況依存的です。業務レベルが上がるにつれて、言われた通りにやっても通用しないことが増えます。いつまでも「教えられていないからできない」「上司の教えを守る」ことに固執していると突き抜けた結果は得られません。上司から教わったこと以上の成果を出すために、どこかの段階でその教えを無視する必要があります。

少年野球の監督は、野球の初心者の少年たちに野球のルールや基本的な動作を教えます。それまで野球を知らなくて、できなかったこどもたちは、監督の教えによって野球ができるようになります。しかし、その延長線上に「プロフェッショナル」の道が続いている訳ではありません。最終的には、**自分自身で目標設定し、自己成長するしかない**のです。

僕の会社でも、教育担当者が必ずしもトップセールス経験者な訳ではありません。多くの場合、上司という存在は経験年数や年次で決まる存在です。彼らは当該業務の初心者ではないため、営業のルールや手順を教えることはできます。僕の会社でも営業の初心者が、最低限の営業業務ができるようなカリキュラムを用意しています。しかし、トップセールスになるためのカリキュラムは存在していません。それは極めて属人的な覚悟が必須だからです。一方的に教え育てることはできないのです。

だからこそ、トップセールスを目指す人には発想力が求められます。営業力が増してくると、ある段階で上司の指示を無視せざるを得ない局面に出くわし、そこから抜けて、いわゆる〝守破離〟の「破」と「離」を実践していくステージに到達することになるのです。

上司の言うことを守っているだけでは、トップになれません。しかし、営業の基本のキ「守」が身についていなければ、それを超えられないのも事実。やはり、守破離の順番を守ることが肝要です。

トップセールスに必要な発想力は、その一点に集約されています。すでに述べているように、トップセールスは10を100にしたり、100を1万にしたりするのではなく、自分と戦い続けることがポイントになるからです。

# 第3章
# 営業
# ↓
# 営業部長

## 営業を束ねてより大きな
## 数字を出す仕事（≠プレイング）

狙える年収レンジ

**800～1200万円**

# 【営業職の応援団になる（10の力を100人に与え、1000にする仕事）】

営業部長を目指すときの心構えは、自分が10の数字を出すのではなく、10人に自分のノウハウと熱量を与えて100にすることです。それが営業部長の基本的なスタンスとなります。

そもそも、営業から部長（営業部長）に抜擢される人は、プレーヤーとして一定の力がある場合がほとんどです。逆に言うと、プレーヤーとして結果が出せていない人は部長になりません。

その理由は、もしものときにその部長がなんとかできないと、経営者は怖くて抜擢できないからです。

「自分はマネジメントに向いています」「学生時代はキャプテンをしていました」と言われても、数字に責任を負っている経営者からすれば、〝自分でケツを拭けること〟が最低条件です。

つまり、結果の出し方を知っている人だけが部長になるのです。

ただ、そのような人が部長になると、どうしても自分で帳尻を合わせてしまう傾向があります。その結果、下のメンバーが育たないこともあります。

それではいつまで経っても成果は〝10〟のままです。部署全体で100にすることができません。

営業部長になる人は10を11にしたり12にしたりするのではなく、10人にノウハウと熱量を与えて100にすることが大事です。

同じ結果を出すのでも、プレイヤーのときと同じ出し方ではなく、出すかたちを変える必要があります。そうしないと、部長としてのキャリアは成功しません。

## 【部長はメンバーを応援するだけでいい】

僕自身、営業マネージャー、営業本部長として突き抜けられなかった理由が、まさにこれでした。つまり、「自分でやったほうが早い」と考えていたのです。

そのような状況で伸び悩んでいたとき、プルデンシャル生命の方々と出会いました。そのとき、営業所長として結果を出している人は、自分で手をくださないことを知ったのです。

では、彼らは何をしていたのでしょうか。

部下に対し、とても爽やかな笑顔で「がんばれ！」と言っていたのです。そのとき僕は、「人は、がんばれと言われるだけでがんばれるものなんだ」と理解することができました。

それからは自分で営業するのではなく、思い切ってメンバーを応援するようにしました。その結果、メンバーが頼ってくれるようになったのです。

これまでは、聞かれてもいないのに手取り足取り教えていたため、「福山さんにバレないようにしよう」「悪い報告はしないようにしよう」と縮こまっていた部下も、報告と相談をきちんとしてくれるようになりました。

営業に同行しても、その時間にただ僕が座っていれば、先方との面談を終えてから部下たちにアドバイスできます。その感覚を得たとき、「応援するとはこういうことか」と腑に落ちました。

またアドバイスだけでなく、契約を決めたときには「おめでとう」と言って拍手したり、太鼓を買って叩いたりもしました。

上司である自分がメンバーと競い合っても不毛です。けわしい顔で注意するより、やわらかい表情で応援してあげることが信頼につながります。

## 【狙える年収レンジ（800〜1200万円）】

営業部長として狙える年収レンジとしては、「800〜1200万円」が目安となります。

ただこれは、あくまでも転職市場における最初のオファーです。当然、会社の規模によっても異なります。

たとえば、ベンチャー・スタートアップで営業部長に期待されるのは、クイックに結果を出すことです。「じっくりと結果を出す」が許されるのは、もう少し上の役職です。

とくにベンチャーの場合、「営業募集」をかけても応募者が来ないケースがあります。そこで「営業部長募集」という求人を出し、役職を与えつつ、トップセールスとして結果を出してもらうよう求めます。その上で、ゆくゆくは部長としての働きを期待するという採用をすることがよくあります。

他方で、組織化が進んでいる会社は、「営業管理者」としてのマネージャー、部長職を求めています。営業数字の管理業務、営業職メンバーの相談役、時には数字を自らつくる帳尻合わせなど、経営と現場の結節点となる仕事は成長企業で重宝されます。

# 1【仕入力】

## 自分の分身となる素養のあるメンバーを採用する

営業部長に求められる「仕入力」は、今、ここにいないメンバーを採用することです。それも、自分の言うことを聞いてくれる人、もしくは自分と同じスキルを持った人が望まれます。あるいは、営業の素養がある人でもいいでしょう。

そのような人を採用することができれば、営業部長としての仕事は半分終わったと言っても過言ではありません。

ただし、これは「前職の部下を引っ張ってくる」ことではありません。そうした行為は、一時的な成果しか生まないからです。

事実、その人が会社を去ってしまえば、部下もまた去ってしまう可能性があります。そうした行為は、ただ、過去の人脈を成果に変えているだけなのです。

部下を引っ張ってくるというのは、本質的な〝仕入れ〟ではありません。要件定義をし、「こういうメンバーが必要だ」と決めた上で適切にアプローチする仕入れ営業とは異なります。

また、「起業」の章でもふれますが、前職で行っていた仕事をそのまましたり、お客様を引っ張ってきたりすることもNGです。それは起業ではなく、ただの裏切りです。

それをしてしまうと、誰も応援してくれません。裏切り行為をすると、周囲からも裏切られてしまいます。

大切なのは大義を持つことです。

営業部長として転職したのなら、そのとき確信している大義をもとに、正規の仕入れを行うことが大切です。それが経営者の求めていることでもあります。

その際に、今、会社にいない、有能な誰かを連れてこられるかどうかが大きなポイントになります。もしくは、今いるメンバーとの差異を見つけて、別のアクションが期待できるメンバーをチームに連れてくるのも1つの方法です。

やはり部長も、中間管理職には変わりありません。結果を出すために必要なメンバーを見極め、「この人が欲しい」と釣り上げてチーム編成、人事調整する能力が欠かせないのです。そこでの交渉力もまた、部長に求められる営業力なのです。

# 2【販売力】

## 自分の営業手順を繰り返してもらう（マニュアル化の極意）

部長は、組織を強くする役割を担います。とくに営業部長であれば、営業の観点からチームを強くし、販売力を強化するべきです。

そのための具体的な方策は「マニュアルの作成」です。

ベンチャー・スタートアップの場合、人材に依存することが多いのですが、そのままの陣容で拡大していくといずれ限界が訪れます。

なぜなら、その人ができるリソースの最大値までしか結果を出せないからです。

つまり、自分で出せる〝10〟という数字が限界になるわけです。最大値10では、どうがんばっても100にはなりません。

そこで組織を拡大し、より販売力を高めていくために、マニュアルを作成・改善する必要が出てきます。

とくに、ベンチャー・スタートアップにはマニュアルが存在しないケースが多いので、マニュアルを作ること自体が販売力を上げるためのセンターピンとなります。

そこで、部長に抜擢された人は、これまで行ってきた営業手順を可視化し、言語化し、それをメンバーにきちんと伝えることが求められます。

その上で、「この通りにやってみよう！」と指導するのです。

そうすることで、どのような行動が不足しているのか、どこができていないのかなど、細かく点検することができます。

チェックして炙り出し、情報を共有することがチームの販売力の強化につながるのです。

長としての販売力強化のキモはマニュアルの作成にあるという点を、ぜひ押さえておきましょう。

# 3【運用力】

## 記録（定量・定性）を見る、打ち手を考える、観察する

マニュアルを作成したあとは、各メンバーの記録を見て、観察し、打つ手を考えていきます。

まず、ＫＰＩ（目標を達成するための行動指標。Key Performance Indicator の略）を運用していくことが、さらなる成果をもたらします。

「パフォーマンスインディケーター」において重要なのは、「この数字が良くなれば全体が良くなる」というポイントを可視化することです。

野球でたとえると、「打率」「出塁率」「防御率」などの数値です。

もちろん、試合の結果は得点差でしか決まりません。しかし試合の内容を見つめることが大切で、チーム打率が二割五分から三割に上がると、全体のヒットの数も増えていく、そうする

と得点の確率が上がるというふうに考えて、次の勝利へとつなげるのです。

たとえば打率が三割だと、九回で27人の打席のうち、3人に1人がヒットを打つ計算です。そうすると、おおむね3点か4点は入ることが見込めます。打率四割になれば5点です。

そこから防御率を考えると、一試合あたり平均4点以下に抑えれば勝てます。3点以内に抑えれば間違いありません。そうした発想を仕事の場でも導き出すのがKPI思考です。

つまり、どの指標を改善すれば勝てるのかを考え、具体的な行動に落とし込んでいくのです。

勝ち負けをコントロールすることはできませんが、その手前の数字を分析し理解しておけば、勝利に近づくには何をすればいいのかが見えてきます。

営業の場合、「営業活動量」を例にするとわかりやすいでしょう。

具体的には、「商談数」「有効商談数」「内諾」「受注」「入金状況」「既存顧客のアップセル」「解約率」などの数字を可視化し、分析していけば、どこを改善すべきかがわかります。

漫然と営業活動をしていると、可視化や分析はできません。目の前の数字に追われてしまうからです。

そこで、どこかの段階で経過観測を行い、その結果を踏まえて、どう行動を改善するべきかを検討しましょう。

たとえば、「商談数が減っているから訪問数を増やそう」「受注が少ないから商談の仕方を変えよう」「資料の作り方を変えよう」「営業に出る人間を変えよう」などの運用を行います。

これが、営業運用力です。

一言でいうと「冷静に分析する」ことなのですが、それを個々人で行うのではなく、全体で管理運用することが大切です。個人の打率（ＫＰＩ）を上げて首位打者にするのではなく、会社全体の打率（ＫＰＩ）をもとに運用し、チームを勝利に導くこと。それが部長の仕事となります。

ちなみに、この営業運用力は、マネージャー層であればどこの部署でも使えます。人事でもマーケティングでも同様です。

# 4【突破力】

## 「自分がやったほうが早い病」からの脱却（メンバー離脱）

「自分がやったほうが早い」と考える人は、部長としての任は務まりません。

僕自身、それを繰り返したために「じゃあ福山さんがやればいいじゃないですか」と言われ、会社を辞めてしまった部下もいました。

そのときに学んだのが、自分でやるのではなく、部下に任せること、応援すること。トップセールスから部長に転身し、仕入れ・販売・運用をしていく中で、自分の振る舞いを変えることが一番大事だと感じたのです。

それはすなわち、部下の応援団になることでした。僕はそのとき、それが部長の仕事なのだと気づいたのです。応援団になると決めた瞬間から、アポイントの数を減らしました。

自分で営業に行くのではなく、会社の席についてじっとしているようにしたのです。勇気のいる決断でした。

そうすることで、メンバーの事前準備の手伝いや、商談フォーマットの整備、提案内容を一緒に考えることなどに時間を使えるようになりました。

最初はつい「それじゃだめだ、オレも商談同席する」と言ってしまうこともありましたが、メンバーに任せる回数が増える中で、結果もついてきて、メンバーたちだけで、トップセールスだった自分以上の結果を出せるチームになりました。

今、経営しているＤＯＲＩＲＵ株式会社においては、営業活動の仕組み化によって売上規模の桁を変える突破を実現しました。

これまでは、経営者である自分が自ら訪問営業を行ってきたのですが、会社のサイズが大きくなり、経営業務が増えるなかで、従来のやり方では体がもたないと考えるようになりました。

営業資料作成、商品紹介動画作成、顧客事例コンテンツ、それらのメンテナンスなどに、マネジメントである自分のリソースを全振りすることで、結果的に受注効率が高まりました。

これまでの自分ができることを繰り返す先に「現状突破」はありません。一度立ち止まって考えてみて、自らの振る舞い方を変えることで現状を打破できるようになりました。そうした部長の突破力が、会社全体の生産性を高めます。

# 5【発想力】

## 商品を変更する、顧客をガラリと変える

「このままでは売上目標を達成できない……」

そのようなとき、部長は目標を達成するべく、発想を変える必要に迫られます。目標が売上にある場合、より儲かる方法を考え、部下を指導しなくてはなりません。

行動を変えずに売上を上げるには、商品か顧客を変えるしかありません。そこで僕は、商品自体の単価を一気に上げることで、状況を好転させたことがあります。

まさに、発想の転換です。

具体的には、月額25万円の商品を月額120万円に上げました。実に約5倍です。サービス内容は同じなのですが、客単価を変えることで顧客ターゲットも変え、結果的に、収益が3倍に伸びました。

ポイントは、その価格がハマるお客様だけを相手にしたこと。

それまでは、「営業に困っている人であれば誰でもお手伝いします」というやり方をしていたのですが、発想を変えてからは、量産できるソフトウェア会社だけをターゲットにしたのです。

そうして、その内容をホームページ、あるいはLPなどできちんと言い切りました。依頼が

あっても、それ以外の人は断ります。

当然、勇気のいる決断だったのですが、発想を変えてやり切ることで、より大きな結果を出すことができました。

ちなみに、その前提となっていたのは営業運用力です。

運用によって10を20に、20を30にすることはできたのですが、桁を上げていくには発想自体を変えるしかないとの結論に至りました。

たとえば、変数となる営業人員を１００倍にするのか、商品単価を１００倍にするのか、その額を支払えるターゲットに絞るのかなど、いずれかを変えなければなりません。

僕の場合は商品単価を変え、顧客を変えたことで、より良い数字を実現することができました。

つまり、営業運用力を駆使したからこそ、次のステージに向かうための発想力を導き出せたのです。このように、それぞれの営業力は互いに連関しています。

# 第４章
# 営業
# ↓
# 人事

## 人事も営業
## （求職者、従業員を顧客と捉える）

狙える年収レンジ

**600〜800万円**

# 採用とは営業である（会社の外から中に取り込む）

人の採用は、営業に近いものがあります。新規の求職者を集めることは、採用人事であり、かつ営業活動でもあります。

なぜなら、すべてのお客様が従業員になる可能性があるからです。

また、営業仕入力という言葉自体が、採用そのものを指すこともあります。そこには、人を取り込むという視点があるからです。

何もしなければ来てくれないような優秀な人を採用できれば、それは仕入れとして成功したと言えるのです。

そのため、人事として活躍する人の中にも、営業経験者がたくさんいます。

事実、僕の会社でもそうです。たとえば労務の仕事であっても、会社が成し遂げたい未来と、法律的に守らないといけないことと、メンバーの性格や意向を汲み取って、帳尻を合わせる仕事に他なりません。

反対に、人事からスタートしてキャリアをスタートすると、ビジネスの全体像が見えなくなりがちです。ビジネスの基本要素である「ヒト・モノ・カネ」の動きが限定的にしか見えないからです。人事部門に配属されていなくても、そもそも多くの仕事はヒトに関わることと切り離せません。その前提でより専門性を高める努力が求められる仕事が人事です。

僕自身、人事からキャリアをスタートしました。多くのプロフェッショナルに囲まれながら、どこか突き抜けづらい感覚を得ていました。人事・コーポレート部門は学ぶ場所ではなく、専門性を発揮する場所なんだと理解し、新規事業立案をして、すぐに子会社の立ち上げに参画してビジネス実践経験値を獲得しに行きました。

独立後、職業紹介事業を起ち上げた後、上場企業の取締役・人事本部長に就任し、人事制度の再設計に関わりました。現在では自分の会社で上場準備をしながら人事にも携わっています。そのため、人事の仕事をあらゆる方向から見てきています。

その上で、「採用は営業である」ことを体感し、人事と営業のキャリアは密接に関係していると考えるようになりました。

## 【従業員の満足度を高める営業力（従業員はお客様である）】

人事担当者は、従業員の満足度を高める必要があります。そしてその根底には、「従業員はお客様である」という発想がなければなりません。

中には、従業員を〝家族〟として捉えていたり、あるいは新卒者を〝学生〟として見たりする人もいます。

しかしそれは、正しい視点ではありません。

なぜなら、会社と従業員は法律上対等だからです。

とくに昨今は、時代の流れもあり、会社と従業員のパワーバランスが変わってきています。事実、終身雇用は過去のものとなり、退職のハードルも下がっています。

「従業員を家族」だと発言する経営者もかつて多くいました。

しかし、家族だからといって法令を守らなくて良いわけではありません。家族的な関係性故に、偏った世の中の非常識（たとえば休日出勤・サービス残業の常態化、ハラスメントなど）が、問題になるケースもあります。

経営者は従業員を守るつもりでいても、結果的に従業員の未来の可能性を狭めてしまっている可能性もあります。それは許されません。

働き方がよりクリーンな方向に向かう中で、従業員に対するスタンスは、「お客様」として接するのが適切です。

僕の会社でも、残業時間を1分単位で明確にしています。経営者である自らがコンプライアンス研修を実施しています。不正や社内の問題があれば通報の窓口を設けています。

いい意味で甘えをなくし、健全な事業成長を実現すること。そこに関わるステークホルダー（従業員・顧客・その他関係者）がそれぞれの自己実現を達成できる環境整備、これが人事の仕事なのです。

## 【従業員の心意気を高めるのも営業活動】

さらに、人事は従業員の満足度だけでなく、心意気を高める役割も担います。営業部長が応援団になるのと同じです。従業員が「がんばろう」と思えれば、仕事もはかどります。

また、人事の裁量としては、適材適所の人事配置を実現することも、従業員の心意気を高めることにつながるでしょう。

個々人のやる気や仕事に対する温度差はありますが、気持ちの部分での全体最適に導いていくことも、人事としての大事な営業活動なのです。

たとえば、僕の会社では、年間100名ペースで人が増えており、毎月新しいメンバーが入社します。昔からいたメンバー同士では会話をするものの、業務の関わりがないメンバー同士が会話をするきっかけが生みづらいです。そこで、会社として月の途中で交流戦（交流会）と称してピザパーティーを開催したり、お昼のお弁当代を一部負担するなどし、会話をする機会を生み出すようにしています。

これは「発想力」に近いです。

一人ひとりのやる気ではなく、全体の満足度、心意気をもとに、最適解を導いていくこと。その結果、大きな成果へと結びついていきます。

たとえば、100人のパフォーマンスが1割上がれば、110になります。1000人であれば1100です。反対に、心意気が1割下がれば、90、900になってしまうかもしれません。それが1万人の従業員を抱える会社だとどうなるでしょうか。企業としてのパフォーマンスが目を覆うばかりに落ちるのは容易に想像できます。

このように人事は、満足度だけでなく従業員の心意気にも配慮し、「営業活動」を行っていくことが求められます。

## 【狙える年収レンジ（600〜800万円）】

営業から人事への転職オファーとしては「600〜800万円」が一つの基準になります。当然、会社によっても異なるでしょう。

とくに人事は、業績インパクトを証明するのが難しいです。年収をわかりやすく高めたい場合、事業側で出世したほうがいいでしょう。一部の大企業を除き、転職で高収入を実現することはなかなかできません。逆説的に見ると、年収を上げたいだけの人は人事に向きません。

「みんなが気持ちよく働けること」「みんなが満足すること」などを考える人でなければ、人事は任せられません。

事実、営業のトップセールスだった人が人事に配属されて、「生産性をマックスにします」「できる人の給料は倍に、できない人は半分にします」などと宣言すると、社内は堅苦しい空気になってしまいます。これでは辞める人が増えるだけでしょう。短期的な業績拡大であれば同じような戦闘力を持ったソルジャーを育てていく方向でも耐えられますが、中長期での連続的な成長を考えると、一定の多様性は必要です。必ずしも会社にとって凄まじい忠誠心を持ったメンバーばかりではなく、批判的な視点を持ち合わせた人が必要なタイミングが訪れます。

プロ野球の世界でも、1年間のシーズンの中で、エースピッチャー、4番バッター以外のニューヒーローの誕生が、チームの底力を高めます。

人事としても、そういったところに面白さを感じられないと難しいでしょう。これまでと現在に結果を出している人だけを見ている人には向いていません。この先の未来に活躍する人を輩出すること、メンバー同士の良質な化学反応、それらを裏方として業績と結びつけること、これが人事の醍醐味です。

ちなみに会社経営者も、年収と会社の利益は真逆の方向を向いています。自らの報酬ばかり見ている人に、会社の経営はできないのです。

## 1「仕入力」

### コストゼロで有能なメンバーを採用する（自社／自分の魅力づけ）

人事における仕入力は、「コストゼロ」がポイントです。

転職エージェントを使えば、年収1000万円の人を500万円の手数料で採用することも可能でしょう。また、手数料を支払うという意味では、ヘッドハンターを活用する場合も同様です。

ただそれは、ここで言う仕入力にはなりません。相応のコストがかかるからです。

一方で、3000万円分の活躍をする人を年収1000万で採用し、500万円の手数料を払うのであれば、仕入れとみなしていいでしょう。なぜなら、コスト以上の活躍が期待されるからです。

数字で表すのは難しいのですが、コストがゼロに近いか、あるいはコスト以上の働きをする人を採用するのが、人事における仕入力となります。

コスト意識がないと、ただお金をかけて人を採用すればいいこととなってしまいます。そうではなく、仕入れコストを加味した上で、費用対効果を最大化するのが人事の仕事です。その究極がコストゼロとなります。

そもそも、なぜ人を雇うのにお金が必要なのでしょうか。裏を返すと、魅力がないからです。つまり、「あなたと一緒に働きたい」「あなたの会社で働きたい」などと思ってもらえないために、お金をかけなければならないのです。

他方で、リクルート、楽天、サイバーエージェントなどの人気企業は、お金をかけなくても求職者が一定数、集まります。入りたい人が多いからです。かつてのテレビ局などもそうでしょう。

これは、大学でも同じです。

たとえば慶應義塾大学などは、「入学者が1人決まったら100万円払います」などの理屈が通用しません。そんなことをしなくても入学希望者がたくさんいるからです。

しかし専門学校の中には、「1人入学で50万円」「最大80万円払います」などと、お金をかけて募集しているところもあります。

それだけの費用をかけなければ人が集まらないのでしょう。

そのように、採用する側とされる側のパワーバランスによって、コストの有無も決まってきます。

ここで重要なのは、募集にお金が必要なのは魅力がないからか、あるいはその魅力が伝わっていないからです。

ですので、まずはお金をかけずに、自分たちの魅力をきちんと伝えていく発信をしましょう。自社の魅力を確信することが、人事の仕入れにも直結します。

僕が経営するDORIRUでも、メンバーからの紹介採用（リファラル採用）が非常に多く、全体の半数を占めています。それだけ、メンバーが「紹介したい」と思ってくれているのです。

そこから、SNSなどでの発信につながり、優秀な人材を獲得することにもつながっています。

# 2【販売力】会社との依存度を上げる

人事における販売力は、各従業員について、「会社との依存度を上げる」ことにあります。

具体的には、会社の福利厚生を使ってもらったり、会社のアセットを利用してもらったり、あるいは会社の広報機能を使ってコンテンツを届けたり、自社開催のセミナーに登壇したりといった行為が挙げられます。

そうすることによって、従業員は会社への依存度が高まります。その結果、1人入社当たりの生涯収益額（LTV）が高まるのです。

仮に、従業員が1人入社したとします。その人が勤めていた期間に応じて、生み出す利益額が計算できます。そこから、採用・教育コストが何年でリクープするのかもわかるのです。

もしそれが3年だとしたら、「最低3年間いてもらうには何が必要か？」を考えなければなりません。

たとえば、「教育研修を充実させる」「同期とのつながりをつくる」「人間的な融和関係を醸成する」「愛社精神を高める」などのポイントが挙げられます。

そのように、会社との接点を増やす努力が、人事としての営業販売力と言えるのです。

方法はたくさんあります。

社員総会を開催して、家族を連れてきてもらい、お子さんが遊べるスペースを作ったりして家族ぐるみで会社のファンになってもらうのも1つの方法です。

またBtoCの会社であれば、風船やぬいぐるみなどのグッズを配り、お子さんにプレゼントすることもまた立派な営業でしょう。

つまり、人事における営業販売力というのは、会社との依存度を上げたり、癒着を高めたりする行為だと捉えてください。

端的に言えば、「会社を利用/活用してもらう」ことなのですが、とどのつまり、従業員の会社への依存度を上げることです。それが、人事に求められる営業販売力となります。

# 3【運用力】

## 従業員の声を会社に活かす

人事における運用力は、前項の「販売力」を最大化することが前提となっています。

そのため、目安箱などを設置して従業員の困りごとを集めたり、従業員の声を会社運営に活かしたりすることが、人事にとっての営業運用力となります。

ただし、「仕入れ→販売→運用」という流れから言うと、とくにパフォーマンスが高い人の声を聞くことが大切です。

一般的な営業活動においては、「金払いがいいお客様はあまり不満を言わない」「金払いが悪いお客様はクレームを言う」と言われています。

同様に社内でも、高いパフォーマンスを出す人は不満が少ないです。なぜなら、彼らは結果が出ないことを自己責任として捉えており、その会社で働くのを選んだことも自分自身なのだと強く自覚しているからです。

不満が少なければ、「従業員の声がなかなか集まらないのでは」と思うかもしれません。

人事が拾うべき声は、そのようなハイパフォーマーが安定的に会社に貢献してくれるためにどうすればいいか、というコンセプトに沿っていなければなりません。

そこで、小さな声も拾っていきます。

たとえば、「机がちょっと狭いんです」と言われたら、すぐに倍の大きさの机を用意してあげること。それだけで、さらにパフォーマンスを発揮してくれる可能性が高まります。

一方で、「会社の床面積は決まっているから、従業員数で換算すると、1人につき2センチずつ机の幅を広げよう」とすると、誰もハッピーになりません。むしろ、ハイパフォーマーを優遇したほうがいいのです。

もっとも、そこには人事担当者ならではのバランス感覚も必要です。

具体的には、今がんばっている人だけに報いるのではなく、短期施策と中長期施策を考慮に入れて差配することが大事になってきます。

また、営業職の人は数字が出やすいのですが、人事部、経理、商品企画などのバックオフィスは成果が見えにくいことがあります。そのような人の声も当然、無視できません。

このように、全体のバランスをとることも人事として必要な心意気であり、営業運用力において求められるバランス感覚となります。

# 4【突破力】

## ピンチを人事施策で解消する（パフォーマンス、離脱、人間関係など）

運用力にもつながるのですが、一人ひとりの声に耳を傾けていると、従業員が増えれば増えるほどキリがなくなってきます。また、それらに逐一対処していると、別の問題が起きることもあります。

そのようなとき、ルールを決めて対応するのが、人事における営業突破力となります。

たとえば僕の会社では、今でこそ、報酬制度を明確にしています。しかし当初は、トッププレイヤーがそれほどいなかったこともあり、一部の人に報いているだけでした。つまり、属人的な営業と独自評価的なビジネスで業績を伸ばしていたのです。

ところが、一部の人だけを特別扱いしていると、彼らの権力が強くなりすぎてしまいます。そうなると、誰も彼らに逆らえません。間違ったことをしても、指摘できなくなってしまうのです。その中で、心が病んでしまう人もでてきてしまいました。

そこで、一部のトッププレイヤーだけに報いるのをやめて、パフォーマンスに応じた報酬制度を明確に作り直しました。

具体的には、これまで2000万、3000万と稼いできた人でも、一旦、1200万円からスタートするようにしたのです。

それでも平均的な報酬額よりは高いのですが、トッププレイヤーからすると減収になります。それでも、下のメンバーがそこを目指して努力できる＝希望がもてる状態をつくることで、人事の安定を実現したのです。

このように、ピンチを施策によってカバーするのが、人事における突破力です。これまで1人で10上げていた成果を、他の10人で100にするべく、思い切った施策を講じます。あるいはルールの見直しでも構いません。

こうした工夫は、従業員だけでなく、顧客・クライアントにも置き換えることができます。すでに述べているように、**トップセールスは太客をつかまえるのが仕事**です。その顧客にコミットしつつ、第二第三の顧客を開拓し続けることで、将来の備えにもなります。

ピンチに備える姿勢が、最悪の状況を突破する手立てとなるのです。その重要性は、人事も営業も変わりません。

# 5【発想力】

## 業績にインパクトする人事施策とは

人事における発想力の発揮は、業績へのインパクトをもたらします。事実、人事の営業発想力によって、新たな事業が立ち上がることもあります。

たとえば弊社の取引先に、営業のBPO業務を行っている「アイドマ・ホールディングス」という会社があります。

同社は2021年に上場したのですが、いわゆる「コストセンター」と呼ばれることも多いバックオフィス部門を仕組み化し、サービスとして僕たちに提案してくれました。

弊社としても、まさにそこが欲しかったこともあり、「ぜひお願いします！」というかたちでビジネスにつながっています。

同社の考え方としては、将来的に、従来業務だけでは頭打ちになることを見越し、バックオフィス・コーポレート部門の支援も展開しているのです。つまり、自分たちがやっていることを自動化・仕組み化し、新たなサービスとして顧客に提供するという発想です。

そのように、人事をはじめとするバックオフィスを新規事業に変え、業績にインパクトを与えることも可能です。それはまさに営業的なマインドであり、どの会社でも行える工夫でしょう。

そのようなマインドがあるかどうかで、人事が会社の業績に与える影響も変わってきます。営業マインドがなければ、こうした発想も生まれません。

その点、営業経験のある人事は、発想力において大きな可能性があります。

コーポレート部門だから業績にはタッチしないでいいと考えるのではなく、「自分たちも売上に貢献していこう！」と積極的に発想していけば、新規事業にもつながるのです。

# 第5章

# 営業

# ↓

# マーケター

## マーケティングとは営業である（市場をつくる、反響をもたらすだけでは足りない）

狙える年収レンジ

**800～1200万円**

# 【市場を創造する】

昨今では、反響を獲得することがマーケティングだと言われています。

たとえば、「何件の資料請求を取る」「何件の問い合わせを取る」などが、マーケターの仕事になりつつあるのです。時代の流れとともにデジタルが主流になっているためです。

「それはマーケティングではない」と思われる方もいるかもしれませんが、「このマーケティング予算で何件の反響を取れ」という指示がある会社が多い以上、時代の流れとして仕方ないと思います。

そのような状況において、本書ではあえて「マーケティングは市場をつくること」と定義します。反響を取ることに終始するのではなく、それよりも大きな役割を担うものと考えるからです。

経営の神様とも称されるピーター・ドラッカーは、「事業の目的は顧客を創造すること」と述べました。それは、マーケティングの定義としても当てはまります。

事実、ユニクロの柳井正さん（代表取締役会長）もその言葉に共感し、いろいろな場面で「顧客の創造が大事」と言っています。

市場をつくることは、顧客を創造することにほかなりません。つまり、ないお客様を生み出すのが、マーケターが本来担うべき役目なのです。

それはすなわち、仕入れ営業と同じです。反響を取ること自体が仕入れだからです。

マーケティング活動とは、ビジネスをスタートさせるための行為なのです。

具体例を挙げると、僕は国内のスマートフォン普及率が5%程度だった2010年から、スマホアプリの受託開発事業をつくってきました。最初はお客様がいなかったため、営業ではなく、啓蒙活動を行っていました。時には、お客様に「ガラケーではなく、スマホの時代になりますよ」「スマホのオススメ機種をレポートします」と言って、アプリをつくる提案の前に、スマホを普及させるべく最新機種のまとめ記事的なものを自作して、配信していました。

1社2社とお客様が増えていくにつれて、「うちも同じことをしたい」という会社が増えていきました。当時はまだ、スマートフォンアプリを持っている会社が少なかったのですが、今ではどの会社も持っています。かつて1990年代前半、どの会社もホームページを持っていなかったのと同じです。

そのようにして市場ができてくると、市場価格ができ、相場が生まれます。そこからサービスの価値が決められるなど、市場が創造されるのです。これもまた、マーケティング活動の成果と言えるでしょう。

僕が行っていたのは仕入れ営業であり、突破営業だったかもしれません。

現在、僕たちが行っている営業代行も、「営業BPO」と説明されることが多いのですが、実際はマーケティング予算を預かる営業サービスとして新しい市場をつくってきました。「何件の反響を取る」というところから進化し、営業活動によってマーケティング予算を獲得するのは、まさに市場の創造です。

従来の営業代行は、「1人あたり月額80万円ですか。それなら5人分お願いします」などというやり取りが主流でした。

しかし僕たちは、「プロダクトが叶えたい世界観は？」「顧客のどんな課題を解決したいのか？」「そのために、いくらの予算で何件の受注を目指すべきか？」などからCPA（Cost Per Action。1件の成果獲得にかかるコストのこと）を逆算し、「それなら予算配分をこうしましょう」という、ウェブマーケティングの提案の仕方に寄せています。

つまり人件費ではなく、マーケティング予算を預かるようにしたのです。

その結果、競合がいない状態が構築されています。これもまたマーケティングの成果と言えるでしょう。

このように、反響を取るだけのマーケティングと、マーケティングによる市場創造には、若干の違いがあるのです。

## 【PLGとSLG（すべてが1つで賄えるわけではない、采配が重要、全体像を捉えること）】

近年、マーケティング界隈では「ＰＬＧ」と「ＳＬＧ」という言葉がよく使われています。ＰＬＧとは、「Product-Led Growth」の略称で、オンライン上の反響だけで成長することです。つまり、商品をウェブ上に置いておけば勝手に売れるという考え方です。

その場合、ポイントは商品力を上げていくこと。たとえば、オンライン会議用のツールである「ＺＯＯＭ」は、誰かに営業されたからではなく、利便性が高いために使用している人が多いでしょう。

また、「GSuite」や「Slack」なども同様に、使い勝手がいいために自ら申し込んで使っている人が大半です。こうしたものが、ＰＬＧの代表となります。

一方で、ＳＬＧは「Sales-Led Growth」の略称であり、主に営業活動によって成長するサービスのことです。エンタープライズ（大手企業）向けのSaaS企業に多いです。多くの法人向けのSaaSサービスが該当します。

そもそもＢtoＢのソフトウェアは、そのほとんどがセールスによって成り立っています。月額20万30万のソフトウェアを導入するとき、ウェブで調べて申し込む人はほとんどいません。どれほど予算がある会社でも、稟議にあげる必要がありますし、人を採用する場合や、自社開発する場合も含め、どちらが最適なのかを検討するでしょう。そのため、セールスがなければグロースしません。それがＳＬＧとなります。

さて、マーケティングの重要性について考えるとき、このＰＬＧとＳＬＧという概念が二項対立になりがちです。しかし結論から先に言うと、どちらも同じです。要は、マーケティング戦略の違いでしかありません。

たとえば、個人単位でZOOMを利用する場合、多くの人がウェブで見つけて申し込んでいます。その中で月額・年額で料金を支払っているわけですが、ZOOM社としては、より大きい会社もターゲットにしたいと考えます。

それこそ1000人、1万人の従業員がいる会社の場合、営業をかけて「2割引きでいいですよ」などと交渉したほうが決まりやすいはず。PLGだけでは届かない大手企業などにはそうした営業が必要となります。

その逆もあります。

たとえば、コンピューターを扱っている企業も、昔は倉庫を借りてスーパーコンピューターを作り、そこに計算機を紐づけて、「その会社に行けば使える」という状態を作っていました。そこからコンピューターがパーソナルになり、いわゆるパソコンになり、1人1台というかたちで使えるようになりました。現在は、さらにスマートフォンへと進化しています。

こうした流れを踏まえると、最初は営業によって成長していたコンピューター企業も、徐々にPLGへとシフトしているのがわかります。先ほどとは逆の流れでグロースしているのです。

このようにPLGとSLGは、どちらかが正しい、有効かではありません。個社別、事業フェーズごとの顧客獲得戦略の全体像を把握した上で、どの顧客をどう獲得するのかを検討しつつ、いずれどちらも必要となります。

## 【狙える年収レンジ（800〜1200万円）】

転職市場を踏まえると、マーケターの年収レンジは「800〜1200万円」ほどになります。

ただマーケターの場合、年収レンジだけでなく、扱える金額が大きくなることに喜びを見出せる人が向いています。一般的に、営業部とマーケティング部は「予算を使えるか使えないか」という違いがあるからです。

もちろん会社にもよりますが、営業部が主に使える予算は「交通費」「会食」「お土産」などの費用です。せいぜい数千円から数万円でしょう。

一方でマーケターは、接待される側です。そのため会食費用を支出するというよりは、媒体を買うための数千万、あるいは数億円規模の予算を使えることが喜びとなります。

言い換えると、マーケターになれば、決裁権の裁量が大きくなります。この点が、営業からマーケティング職を目指す理由となります。

キャリアを作る上では、営業、マーケティング、双方の視点が必要です。営業は予算を預かる側ですし、マーケティングは予算を使う側なので、どちらの気持ちも理解しておいたほうが有利なのです。

ですので、両方の経験を積むことをオススメします。

# 1【仕入力】

## 良い媒体／メディアを仕入れる

マーケターは、「良い媒体／メディア」を仕入れることが、仕入力（仕入れ営業力）となります。

中でも反響を得るマーケティング活動においては、「数と質」という概念が重要です。具体的には「たくさん数を取れる媒体は何か」「良質なお客様を獲得できるメディアは何か」などと考えることです。

それらを見つけられれば、それだけでマーケターの勝利と言ってもいいでしょう。

僕の会社でもいくつかの媒体に出稿しているのですが、競合他社が多く掲載されているメディアは、問い合わせが多いものの、金額を比較され、値踏みされてしまいます。そのため、良いお客様にはあまり出会えません。

一方で、一部のメディアは競合他社の掲載が少なく、問い合わせ件数も多くないのですが、比較検討されないため、良いお客様を仕入れやすい面があります。そのバランスを取りながらマーケティング活動を展開しています。

また、マーケティングに関する仕入れの成功例として、サイバーエージェントの例が挙げられます。同社が大きく成長した理由の1つは、媒体を自社で持っていることです。正しくは、自社で生み出し、育てました。そのため、自社のマーケティング施策を社内で完結できます。具体的には、ブログメディアを持つことによって、ブログのユーザー、ブログの読者にリーチできます。これは、旧来型の広告代理店が行わなかった手法です。その結果、広告出稿における企画の柔軟性を出せたり、代理事業の中では突出した利益率を誇っています。

ブログの他にも「ABEMA」をスタートするなど、今後のさらなる成長が期待されるところですが、まだ世界中のメディアにはなっていません。

その点、近年におけるマーケティング分野での仕入れ営業力は、Google（You Tube）、Yahoo、facebook、twitter など、世界的に利用されている媒体と良好な関係を築くことが主なものとなっています。

「良い枠をください」と言うだけでなく、媒体担当者の目標達成を手伝うなどして助け合える状態をつくることが、競争力の源泉となっていくのです。

## 2【販売力】再現／量産可能体制をつくる

マーケティングにおける販売力は、「大量に売れる状態をつくること」にあります。

言い換えると、再現性の高い商品を販売できる状態を構築することです。たとえばＤＯＲＩＲＵでは、比較的高単価のサービスを売っています。そのため量産というよりは、再現性の高さを重視しているのです。

そうすることで、同じような属性のお客様に来てもらうことを指針として徹底できます。仕入れの段階でスクリーニングしているからこそ、販売を統一できるのです。

逆に言うと、販売の仕方を固定しているために、仕入れがより重要となります。販売の仕方を固定しないと「御用聞き」になりやすく、仕組み化ができません。

もちろん、それが功を奏する業種もありますが、我々は「それだと再現性が低くなる」と考え、販売人員を一定にし、仕入れにリソースを割いています。

釣りでたとえると、餌を一定にすると、その餌に好きな魚だけが集まるというイメージです。「川釣りであればこの魚」「海釣りであればこの魚」など、ターゲットを変えて対応するのではありません。

売る相手が固定されていれば、サービスの満足度は高めやすくなります。

こうした設計自体がマーケティングの発想です。

ベンチャー企業など、販売の幅を増やすことができない会社は、リソースが限られていることもあり、その制約から考えて販売する商品を一定にするのが得策です。それが、戦略的な営業販売力の起点となります。

とくにマーケティングにおいては、販売と仕入れをセットで考える必要があります。そうしないと、戦略がうまく噛み合いません。

たとえば、某大手回転寿司チェーンは、そうした視点が欠けていたために失敗したように思います。

過去、「珍しい寿司ネタが100円で食べられます」とのキャンペーンを展開したとき、お客様がどっと押し寄せてきました。「次はイクラ」「次は軍艦巻き」となったのですが、すぐに販売が追いつかなくなり、同じように品切れが続出します。その理由は、仕入れ部門との連携ができていなかったからです。

本来、マーケターとしては、販売だけでなく仕入れもセットで考えなければなりません。また、経営者の視点からすると、テレビコマーシャルに広告費を注ぎ込んだあげく販売できる量をきちんと把握できなかったのは大きな痛手となりました。

販売と仕入れのバランスが崩れると、品切れが頻発し、クレームにつながってしまいます。「あのお店はネタがあると言っているのに、本当はない。嘘つきだ」などと言われ、信用を失い、業績が低下。

さらには、株価低迷にもつながってしまうのです。

このように、**マーケティングにおいては、仕入れと販売をセットで見ることが重要**となります。

# 3［運用力］

## ＲＯＩの最大化、継続可能性を高める

マーケティングにおける運用力は、仕入れと販売の応用です。つまり、何を固定すれば費用対効果が最大化するのかを考え、具体的な行動へと落とし込んでいきます。

そこには、継続可能性も含まれます。より長期に渡って継続できれば、回収が大きくなり、ＲＯＩ（Return On Investment。投資利益率）の最大化につながるからです。

そこで考慮するべきなのが、たくさんの顧客を獲得するか、もしくは質の高い少量の顧客を獲得するかについてです。どのバランスをとるともっとも収益を最大化できるのかを、それぞれの事業内容から検討します。

たとえば弊社の創業期は、対象顧客を広げ、マーケティングリテラシーが高くないお客様との接点をつくり、情報提供、セミナーなどを定期開催することによって、徐々に優良顧客へ育てていくという方法を取りました。

とくに、「知識がない」会社に対しては、一から教えていくのが得策です。そうすることで他社との比較をされることなく「（こちらが提案した施策を）やるか、やらないか」という判断となり、やるなら自ずと「弊社にて」サポートすることになります。

顧客育成の手間はかかりますが、最初から顕在層の顧客だけをみていると、見込み顧客が枯

渇します。来月再来月、半年後、1年後にご縁をいただく顧客も多く存在します。それを先手先手でアプローチできていないと、丁寧に顧客リレーションをとっている競合に奪われてしまいます。つまり、仕込みができていない状態です。

そうではなく、「重要かつ緊急でない部分」にもフォーカスし、知識の浅いお客様にもアプローチしていくと、いずれ良いお客様になってくれます。こうした発想が、マーケティングにおける運用力となります。

大企業の事例では、バンダイナムコエンターテインメントの施策が挙げられます。

同社は、お台場に18メートルのガンダムを置いています。それによって、その場所が観光名所となり、多くの人に親しまれています。

家族連れが訪れると、子どもが見て「ガンダムは大きくてかっこいいなあ」という印象が刷り込まれます。その子どもが大きくなると、ガンプラをはじめとするガンダム商品を購入するかもしれません。つまり期待値を込めた戦略なわけです。

広告には限界もありますが、こうしたマーケティング施策によってタッチポイントをつくれば、長い目で見て大きな効果を生む可能性があるのです。

同様の施策は、マクドナルドでも行われています。

マクドナルドのハッピーセットは、オマケを貰えるというインセンティブによって、子どもに「マクドナルドは楽しいお店だ」というイメージを刷り込んでいます。

その子どもが大人になって自分で買えるようになると、進んでマクドナルドに行くようになり、良い顧客になるわけです。

このような言わば**「期待値創出」「顧客育成」**も、マーケティングにおける営業運用力の成果と言えるでしょう。

# 4【突破力】
## 時間かリソースを買い取る（時空を超える）

マーケティングにおける突破力は「M&A」がイメージしやすいでしょう。

自分たちではどうあがいても10の成果しか出せないとき、100以上の成果を得るには、時間を買うか、もしくはマーケティングリソースを買うことを考える必要があります。

「同じ時間軸で倍の成果を出すにはどうしたらいいのか」を検討すると、M&Aのような〝買い取る〟発想があって然るべきでしょう。

僕の経営するDORIRUでも、既存ビジネスの突破を考えていく中で、相性の良さそうなメディアをつくろうとしたことがありました。しかし、開発の見積もりを取る過程で、買い取ったほうが確実だと思い、M&Aを実行したのです。それはすなわち、「時空を超える」ようなものです。

ここで重要なのは、「ただ真面目にやり続けるだけが仕事なのではない」と理解することです。

言い換えると、「机上に見えていることだけを成果としてがんばる必要はない」とも表現できるでしょう。

現状を打破し、さらに飛躍するための突破力は、**「見えないものを見る」発想**からもたらされます。

会社の成長を考えたとき、真面目に努力するだけでは倍の成果を出せないときが来ます。そんなとき、成果を倍にする手段をいくつ知っているかが勝負になります。

**既存のリソースを一旦無視**して、M&Aなどを上手に活用すること。それが、マーケターの営業突破力となるのです。

# 5【発想力】

## 破壊と創造

マーケターとして、会社を飛躍的に成長させるには発想力が求められます。むしろ数理的な〝分析〟からは、大ヒットが生まれません。

たとえば、あるゲーム会社にASP（Application Service Provider）サービスの営業に行ったときのことです。

その会社の方々は分析が得意だったこともあり、「うちの会社は数字も取れているし、分析も優れているし、専門のアナライザー、アナリストもたくさん雇っているから、御社のコンサルティングはいらないよ」と言われました。

その1年後、あらためて訪問すると、担当者がちょっとくたびれた顔をしていました。「どうしたんですか?」と聞くと、「実は、分析をして出したゲームがどれも似通ったものになってしまって……」と言うのです。

つまり、外さない施策は作れても、**大ヒットは生み出せない会社**になっていたのです。

たしかに、同社のゲームはパターン化しており、ユーザーも徐々に離れていく傾向にありました。またそこで働いているメンバーも同じ発想に飽きてつまらなくなったのか、辞める人もいました。

このように、分析指向の社風文化が大ヒットの狙えない、会社としての魅力を損なわせてしまうケースもあるのです。

一方で、サイバーエージェントでは、ヒットするビジネスがありつつも、それを越えるような、もしくは壊すようなビジネスを生み出しています。

たとえば、広告代理事業で大きく成長しつつも、人が介在しなくてもうまくいくAIを作ったり、あるいは「ameba」というサービスがヒットしても、新しいメディアである「ABEMA」を作ったりしています。

事実、ユーザーは歳をとります。もともと若い人に人気があったメディアも、だんだん年配向けのメディアへと変わっていきます。だからこそ、次世代にリーチできるようなサービス、コンテンンツを作り続ける必要があります。

それはともすると、**自分たちのビジネスを壊す**ことでもあります。けれど、それならそれで仕方がないというスタンスが肝要です。単純なヒットで満足しない姿勢が、結果的に、継続性・成長性を促しているのです。

オープンハウスも同様のスタンスをとっています。

都内の戸建住宅を販売して成長した会社ではあるものの、最大のライバルであるマンションを自分たちで蘇生し、「オープンレジデンシア」というマンションブランドを立ち上げて販売しています。

また、住宅を買った人の中には富裕層もいるため、富裕層向けの収益物件も手掛けています。個人の融資枠には限度があるので「ローンを組む」という点では既存事業と競合になるのですが、そうしたビジネスも積極的に展開しています。

さらに、アメリカ向けに不動産事業を立ち上げ、投資家に対して「日本の不動産に投資するのはもう古いですよ。アメリカにしましょう」と宣伝するなど、自ら競合をつくっています。

そのように、**戦略的に「破壊と創造」を繰り返している会社は、時代が進化しても成長を続けます**。

僕の経営するDORIRUも同様です。まだ創業から10年未満のベンチャー企業ですが、祖業のサービスの競合商品をあえて市場に出すことで、市場の占有率を高めています。結果として、社内競争環境も生み出し、事業開発人材の育成に寄与しました。

これは、既存のヒットを積み重ねるのではなく、あえて壊すような動きをし、化学反応を生み出しつつ、事業を拡大することを目指す手法と言えるでしょう。

大ヒットを生み出すには、一時的に既存のビジネスを破壊する姿勢が必要です。

トヨタ自動車や日産、ホンダが電気自動車を作るのも同様の発想でしょう。業界のリーディングカンパニーとしてＥＶへの大きな投資を宣言し、実行していくこと。そこから、時代をつくる大ヒットが生まれていくのです。

# 第6章
# 営業
# ↓
# 新規事業
# 企画・開発職

## 新規事業開発、企画職としての営業職

狙える年収レンジ

**600～1200万円**

# 【営業経験が良い事業・企画を嗅ぎ分ける】

営業は、もっとも顧客に近く、またお金に近いところで仕事をしています。そのため、その経験を活かして事業開発、あるいは企画職につくことで、ヒットするビジネスを生み出しやすいポジションにあります。

一方で研究職など、顧客から遠いところにいたり、もしくはユーザーの期待に直接応えていない人が新規事業をつくったりすると、なかなかビジネスとして成り立ちません。

とくに、お金の流れを把握していないところから考えた企画は、売上の目処が立たないことも多く、成功する確率も高くありません。

だからこそ、新規事業も企画も、営業経験が非常に重要となるのです。

会社で企画ばかりしてきた人も同様です。

どうしても内容面から入ってしまうため、「面白いけど売れるかどうかわからない」ものを考案してしまいがちです。

そのたびに、社内の営業から「それでは売れない」と言われることもあるでしょう。

なぜなら**営業は、現場で「売れる・売れない」を自分の目で見ている**からです。経験としても肌感覚としても、その企画が成り立つのか、その事業がうまくいくのかを、はっきりイメージすることができるのです。既存のお客様へテストセールスもできます。

これは、あらゆる分野において言えることでしょう。

営業経験があれば、「これは売れる」「これは売れない」という市場感覚が養われます。それをもとに事業を立ち上げたり、企画を考えたりすれば、より良いものを生み出せます。

そしてそこにお金の流れが加味されていれば、「これは絶対に成り立つ！」という確信ももてるのです。

そういう意味での〝嗅覚〟が、事業・企画を考える上では非常に重要となるのです。

## 【狙える年収レンジ（600～1200万円）】

営業から新規事業開発・企画職に転身した人の年収レンジは、転職時のオファーとして「600～1200万円」が目安になります。

やはり企画は「当たるも八卦、当たらぬも八卦」という側面があり、どれだけ良いものでも必ずヒットするとは限りません。

その理由は、お客様があってのものだからです。

そうした理由から、年収ベースで1000万円を超えてくることは少ないでしょう。

転職時に年収が一気に上がることは少ないという点は、あらかじめ理解しておくべきでしょう。

それでも、当たれば大きかったり、ヒットが生み出せなくても安定した地位・職につけたりなど、さまざまな魅力があります。

とくに、「これは絶対に売れる！」と思われる新規事業の責任者に抜擢された場合は、その後の成長に大きく寄与する可能性があります。

キャリア形成においても、それは大きなチャンスとなるでしょう。

# 1【仕入力】

## 売れるネタを仕入れる（儲け話は一通り把握する）

新規事業の企画においては、新規事業責任者に抜擢されてからネタを仕入れるようでは遅いです。

やはり、日々の営業活動の中で、「これは売れる」「これは売れない」などとジャッジしておくことが大事です。

営業活動をしながら競合調査もするでしょうし、売り方を考える中でいろいろな商品の営業を引き受けることもあるでしょう。その過程で、ネタを仕入れておくのが基本となります。

「こうしたら売れる」「こういう領域なら売れる」という仕入れ活動をしていないと、いざ新規事業を任されてもワンテンポ遅れてしまいます。

たとえば学業の場合。高校入試も大学入試も、いきなり試験問題が変わることはありません。そのため、あらかじめ対策をしておけば対処できます。また直前の対策でも、ある程度は対応できるでしょう。

しかし新規事業は、そのタイミングごとに答えが変わります。それこそ毎年傾向が変わり、毎年答えが変わり、お客様の状況も変化します。その点、試験よりもはるかに **〝鮮度〟が重要**です。

場合によっては答案用紙がない場合もあります。そうなると、スピードの速さ、あるいは「やったもん勝ち」のケースもあります。またスピードが速すぎた場合は、放り出さずに続けた人が勝つでしょう。

たとえば、近年流行しているメタバースも、かつて『セカンドライフ』『アメーバピグ』などのサービスがありました。しかし、時代を先取りしすぎました。今あらためて波が来ています。気付いたときに誰よりも速くやるか、あるいは時代や世間が追いつくまで続けるかしか、新規事業成功の道はないのです。

常に儲け話のネタを仕入れておいて、常に勝負できる状態をつくっておくこと。売れるネタ、売れる領域を見つけたとき、**いち早く〝四隅を押さえる〟**ことが大切です。

たとえば、僕がサイバーエージェントにいた２０１０年代は、「これからはスマートフォン市場が大きくなる」「スマートフォンアプリのビジネスに勝算がありそうだ」と考え、いち早く着手しました。他社では、「スマホのケースが売れる」「充電器が売れる」などと考え、別のビジネスに動いた人もいるでしょう。

その中で、僕は「どこがどれぐらい儲かるのか」を考えていました。とくにスマホカバーなどのハードウェアは未だに人気ですが、競合も増えるでしょうし原価は下がりきらないので、利益的に厳しいと判断しました。

一方で、アプリを含むソフトウェアは、ゲーム制作の分野では競合があるものの、アプリを広げるための広告であればうちも負けないと考えました。その過程で、スマホでメディアを作ることを構想したのです。そうした市場で勝ち抜くことができたために、サイバーエージェントはスマホ企業として大きく成長することができました。

売れるネタを仕入れることに関しては、パソコンを中心としたインターネットのビジネスからガラケーを中心としたビジネスに移行する中で、どのビジネスモデルが伸び、どのビジネスがなくなるのかを体験できたことは大きかったです。

「歴史を知る」こともまた、非常に重要です。

歴史を学ぶと、次にやってくることが予測できるようになります。歴史といってもいきなり大昔を調べる必要はありません。10年前に何があり、今の時代になったのか。自分なりの仮説を立てられたら、この先10年後、何が求められるのか、少し検討がつくかもしれません。

もちろんトレンドの変遷はありますが、大枠を理解しておくことで「人々の生活がどう変わるのか」も見えてきます。あらゆる知見を仕入れ、新規事業の準備をしておきましょう。勝負は一瞬ですよ。

## 2【販売力】

### 企画書、事業計画をつくる（フォーマットを知っておく）

企画職における販売力は、「事業計画」が中心となります。販売できる商品を定めたら、それをどういう計画で売っていくのかを考えます。

当然そこには、仕入れ原価がかかってくることも考慮するべきです。

たとえば半年間で、開発コストを5000万円投下するのなら「残りの半年間で1億円の売上を作ってリクープします」「半年で5000万円ずつ回収します」などと計画を立てる必要があります。

たとえ売れそうなネタがあったとしても、売ることだけに突っ走るのではなく、事業計画を立てることで、適切な販売ができているかどうかが俯瞰できます。事業として成立するかどうかが数字でシミュレーションできます。

一方で、計画があってもネタがなければ意味がありません。

意味がないと言うより、「事業計画で新規事業をつくる」ことはある種の矛盾をはらんでいます。大企業の新規事業ではこうしたことがよく起こります。

もっと言うと、計画の延長線上にネタがあるわけではありません。先に商品があり、実際に売ってみてから、事業として進められることもよくあります。

出版においても同様でしょう。

販売計画からネタを仕入れると、つまらない企画になりがちです。いまの出版業界を見ていると、そうした傾向があるように感じます。

販売しないといけないからネタを仕入れているという思考・体制だと、似たような商品が溢れてしまいます。やはり本来は、売れるネタを仕入れてから出版計画を立てるのが基本です。

そして、その両方が正しく存在することによって、新規事業は前に進むのです。

# 3【運用力】

## アイデアをストックする（100出し）

新規事業の肝はネタを仕入れることですが、それを具体的なスキルで表すと「ネタに気づけるかどうか」となります。要するに、儲けられる領域、儲けられるビジネスモデルに気づけるかが、運用力を左右します。

ネタの仕入れに慣れていない人は「新規事業を考えてください」と言ったとき、まずネットで検索します。「今のトレンドはなんだろう」「キーワードランキングはどうなっているのか」などをチェックするのです。

たしかにそれも大事なのですが、そこにネタがあることに気づけなければ意味がありません。やはり、時代の流れ、あるいは鮮度のようなものを軸に、「それで儲けられるかどうか」の感度を高めることが大切です。

たとえば近年では、「リスキリング（学び直し）」というテーマが注目されています。具体的には、社会人向けの大学院、ネットでの勉強会などが挙げられます。

社会人になってからもう一度学び直すことで、キャリア形成につなげる動きもあります。そのようないわゆる「自己投資産業」が伸びてきているのです。

その背景には、副業の解禁もありますし、定年の延長という文脈もあるでしょう。あるいは、ウェブやスマホの活用もあります。事実、最近は勉強系の動画も増えてきました。

ただ、そこに市場があることについては、気づける人と気づけない人がいます。それによって、商機をつかめるかどうかが変わってくるのです。

僕自身、何らかの着想を得たら、それを出版企画書に落とし込むようにしています。それが常に50～60個あるのですが、それらの中から「これでいきましょう」と本の出版が決まることも多いです。

そのようにアイデアを出しておくと、世の中のトレンドにも気づきやすくなります。だからこそ、普段からアイデアをたくさん出しておくことが大事です。できれば１００個ぐらい用意しておきましょう。

ただ、たくさん出すこと自体に意義があるというよりは、その過程で感度が高まっていくのがポイントです。つまり、アイデア出しをする習慣が、世の中の変化を気づきやすくしてくれるのです。

これは、子どもの名前を考える場合にも当てはまります。

いざ考えはじめると、友人の名前にも興味が出てきます。たとえば「ユウキ」という名前でも、いろいろな書き方のパターンがあり、あえて平仮名のほうが見つけやすくていいなどの発想も出てきます。

そういう気づきは、名前を決めようと考えはじめることで得られます。

とくに新規事業の場合は、いざというときではなく、**普段からアイデア出し**をしておくようにしましょう。そうすることで、**自らの感度を高める**ようにしてください。

# 4【突破力】

## 企画を意図的に生み出す武器を持つ（紙とペン）

新規事業における突破は、フェーズによっても異なるのですが、変数が多いからこそ「整理する」ことが解決策となります。

とくにゼロイチの場合は、自分が持っているネタを整理することから始めます。その整理も、エクセルなどに1つずつ入れるのではなく、「企画に落とし込んだときにどうなるのか」を考える必要があります。

アイデアを企画ベースで落とし込むと、その行為自体が気づきになります。とくに人間には思い込みがあるため、**紙とペンを使って実際に書いてみる**のがお勧めです。

僕もそうしているのですが、実際に書いてみるだけで、アイデアはより広がっていきます。頭だけで考えていたことから、思い込みを排除し、さまざまな方向に膨らむのです。

書かなくてもビジネスにつながるアイデアを構想できるのなら、ネット上に転がっているキーワードをＡＩがマッチングしただけでもビジネスが生まれるはずです。しかし実際は、そうはなりません。

なぜなら、そこには〝温度〟が入っていないからです。あるいは、自分自身がそれを本当に「やりたい」と思っていないのです。僕の場合であれば、犬・猫のペット領域には熱が入りません。

しかし「野球と子ども」というキーワードで新しいビジネスを生み出すとすれば、「小さい子ども向けの野球教室」であったり、その周辺の関連ビジネスに協賛したりなど、さまざまな発想が生まれます。

そのような温度感についても、書くことによってわかってきます。そしてそれが、自分の手でアイデアを書き出すことの意義なのです。そこには自分なりの気持ちも乗っています。

実際に書いてみると「野球のアイデアばっかりだな」などと、その時々の感想を抱き、感情も整理されていきます。そこから別の方向に視点を向けるなど、さらに構想を広げていくことが可能です。

大切なのは意図的に書くこと。結局は、頭で考えるだけでなく、実行しないと事業として成立するかどうかはわかりません。

そのときに、**自分の気持ちが動くかどうか**を探知することが大事です。机上の空論ではなく、書き出してみて実感することが、紙とペンを用いることの最大の成果なのです。

# 5 「発想力」
## 他業界からヒントを得る（アナロジー思考）

企画職における発想力では、「ネタの仕入れを仕組み化する」という観点が重要となります。そのときに使えるのが「アナロジー思考」です。

たとえば、新しいiPhoneが発売されたとき。人が熱狂したり、そこに行列ができたりするのを見て、「毎年アップデートするのは面白いかもしれない」と考えるのもそうでしょう。

商品自体が大きく変わらなくても、毎年刷新することで、広告費をかけなくても記者が集まってくれたり、ニュースになったり、話題になったりする可能性があります。

もちろん、ネタ自体が面白くなければなりませんが、アップデートに話題性をもたせることができれば、それをビジネスに応用できるかもしれません。

そうした発想が**アナロジー（類推）思考**です。他業界からヒントを得ることも多いです。

野球でたとえると、夏の神宮球場では、5回が終わった段階で花火が打ち上げられます。野球と花火には直接的な関連はありませんが、それによって子どもが喜ぶ、家族を連れていきやすくなるなどの効果が期待できます。

それを見て、「事業自体は子ども向けではないけれど、あえて子どもが興味をもつことも取り入れてみよう」などと着想できれば、それもアナロジー思考となります。

では、なぜこのような発想法が重要なのでしょうか。

その理由は、自分たちの業界、自分の会社にずっといると、得られるヒントが限られてくるためです。いずれ、あらゆる情報が「当たり前」となり、〝気づき〟が得られなくなります。

たとえばDORIRUでは、従業員が全員出社し、全員がパソコンの前で仕事をしています。しかし他社を見ると、それは当たり前ではないとわかります。

事実、会社によっては一部の従業員しかパソコンを持っていないところもあります。あるいはスマホなども同様です。そうしたデバイスが全員に支給されていること自体、驚かれることも少なくありません。

また、休日についても同様です。

不動産業界の人を集客したい場合。彼らは火・水が休みなので、土日に催し物をしても人は集まりません。しかし、土日休みが当たり前だと考えていると、それにすら気づけません。

気づいたら、「イベントを火・水にやってみよう！」と企画すれば、チャンスは広がります。

そうした企画のヒントも、アナロジー思考から得ることができます。

# 第7章
# 営業
# ↓
# プロ営業
# （営業フリーランス）

## 個人事業主としての
## 営業職という生き方

狙える年収レンジ

**600～3000万円、5000万円以上。**
**1億円以上も**

# 【案件支援と案件開拓の違い（新規開拓と営業支援の違い、案件開拓の方法）】

いわゆる「プロ営業」としてのキャリアは、起業したり、個人事業主として独立したりすることを含みます。つまり、一般的なサラリーマンとは異なる働き方です。

具体的には、より個人の責任を大きくし、収益も最大化するものとなります。このようなキャリアにおいては仕入れがすべてです。

たとえば、業務の方向性として、「案件支援」と「案件開拓」があります。

案件支援は、決められた商品を特定の顧客に売っていく業務です。つまり販売・運用なのですが、一定のマネタイズはできるものの、業務内容はサラリーマン時代とほぼ変わりません。

他方で案件開拓は、商品自体を仕入れます。与えられたものではなく、自ら案件を開拓することによって、仕事の幅が増え、かつ報酬も大きくなる可能性があります。

事実、営業フリーランスは、一般的な会社員からプロ契約、あるいは業務委託になることです。そのため「プロになれば年収も倍になる！」と期待している人も多いのですが、販売の延長ではそれも難しいでしょう。

報酬を抜本的に変えるには、仕入れをする必要があります。なぜなら、売上の幅を決めるのは、販売ではなく仕入れだからです。

単純な販売活動には制限がかかるため、販売しづらい商品を仕入れてしまうと、稼げる上限は自ずと決まってしまいます。そうではなく、上限をつくらないよう、自ら仕入れをすることが大事なのです。

案件そのものを仕入れることができれば、独立してからも困りません。

## 【元〇〇というキャリアであり、ポジションをつくる武器にもなる（1つのアイデンティティ）】

営業フリーランスになると、そのタイミングで〝看板〟がなくなります。つまり、自分自身の信頼が1つ減ることになるのです。

もちろん、前職の看板よりも自分の名前のほうが強ければ、そうはなりません。ただ多くの場合、独立した当初は、会社の看板のほうが知名度も信頼度も高いものです。

また、たとえ会社の知名度が無かったとしても、株式会社と個人事業主では後者のほうが信頼されにくいのも事実でしょう。

そのようなとき、「元〇〇です」というキーワードが信頼を保つことにつながります。その知名度を活かし、相手に信頼してもらうことができるのです。

ただし、「元〇〇」と名乗って前職と同じ仕事をしていると、応援される理由が1つなくなってしまうため注意が必要です。

たとえば、「元サイバーエージェントです」「広告代理事業で独立しました」となると、不義理をしたと思われかねません。とくにお客様を引き抜いて個人で仕事をするのは、ただ敵をつくるだけでしょう。

しかし、「インターネット広告、もしくはインターネットマーケティングの考え方を学んで農業にチャレンジします」「日本酒をテーマに海外マーケティングを実践します」となれば、周囲も応援しやすいです。

僕自身、そのようなやり方をしてきたので、各出身会社と今でも取引ができています。前職に頼らない、そうした姿勢も非常に重要なのです。

昨今では、国の政策としても、フリーランス、副業を増やす方向へと向かっています。ただ、とくにキャリアにおいては、短期的なものと中長期的なものがあることを忘れてはなりません。

短期的には、雇用形態を変えたり、副業によって収益源を増やしたりすることができます。ただ、この短期の収益ばかりに固執すると「前職と同じ仕事をすればマネタイズも早いし、今のお客様を個人で受けたほうがやりやすい」という発想になりがちです。

それを繰り返すと、会社からもお客様からも、あるいは旧知の人間からも一緒に仕事をする仲間として信頼されなくなってしまいます。とくに、大事な案件は相談しづらい人になってしまうのです。僕自身、そのような人をたくさん見てきました。

ですので、「元〇〇」というキャリアを使うのであれば、長期的かつ客観的な視点で自分のビジネスドメインを考えるようにしましょう。具体的には、**前職で培った本質的なスキル**を用いて、別のビジネスをすることをお勧めします。

## 【社名ではなく自分の名前で呼ばれるように】

独立すると、社名ではなく自分の名前で呼ばれるようになります。

僕自身、サイバーエージェント時代はお客様から「サイバーさん」と呼ばれていました。取引実態が会社なので、当然と言えば当然です。

しかし、**代替可能な人になってしまう**と、いつまでもその立場から抜け出すことができません。会社経営者としては社内を仕組み化し、属人性をなくしたいと思うかもしれませんが、個人の立場ではそれを避けるべきなのです。

その点において、個人のキャリアにおいては、**代替できない何かをつくる**ことが大事です。言わば「守破離の離」までもっていくことを目標に、自らのスキルを高めていくことが、自分のキャリアを守ることにつながります。

報酬に関しても、自分にしかできない仕事になればなるほど、需要と供給の観点から確実に上がります。

また、それが求められる理由にもなるでしょう。人から求められたり、助けてと言われたりすることには、お金に替えられない喜びがあります。知り合いから「仕事で困っている」と相談がくるのは、やはり嬉しいものです。個人で動くようになったことでフットワークも軽く、多彩な異業種の情報も得やすくなった分、相談に応えられる自分になったのだろうと思います。

前職の看板を外し、自分の名前で呼ばれるようになることが、責任と実力を高めることにつながります。

## 【知名度ではなく立ち位置が大事（ポジショニングが勝敗を決める）】

会社の営業職は、総体的に見て「ナンバー1」「ナンバー2」「ナンバー3」など実績で順位が決まります。また、そこからエリアと顧客の担当が決まり、役割、新規・既存などの担当分野が決まることもあるでしょう。

それが、会社員としての営業の立ち位置です。

一方でフリーランスは、そのような〝ライン〟がなくなります。野球で言うと、どこを守ってもいいですし、どこから点を取ってもいいのです。

もちろん、自由さがある反面、決めないとボールが回ってきません。それにボールがたくさん来るところは、いわゆるレッドオーシャンになるため競合もたくさんいます。

そのため個人で働く場合は、レッドオーシャンに参入するのではなく、**自分の中で「ここなら絶対に決められる！」という立ち位置**を見つけられると強いです。キャリア設計におけるマーケティングとも言えます。

大企業の経営とベンチャー企業の経営には違いがあります。大企業の論理としては、レッドオーシャンだろうがブルーオーシャンだろうが、儲かるところに降りて旗を立て、大人数で戦いに行ったり、広告で思いっきりブランディングしたりできます。それが大資本の戦い方です。たとえば楽天モバイルが新しくスマホ市場に参入するとなれば、CMをたくさん打ったり、大幅に値下げしたりして、一定のユーザー規模を獲得できます。それだけのリソースがあるからです。

一方で、僕の会社が携帯事業を始めるとすれば、ニッチにやらなければ成り立ちません。東京都だけでも広すぎるので、渋谷区の一部、港区の一部など、エリアを絞り込まなければならないでしょう。

あるいは、「遅刻の連絡だけできる電話」など、他の人が参入しないようなサービスに着手し、そこで立ち位置をつくることが重要となります。事実、「退社することを当人に代わって会社に告げる」退職代行ビジネスもあります。

個人で勝負するとき、大企業と同じ戦い方をすると不利になりかねません。そうではなく、独自の立ち位置をつくることが大切です。

## 【狙える年収レンジ（600〜3000万円、5000万円以上。1億円以上も）】

ＤＯＲＩＲＵが依頼しているフリーランスの営業は、業務委託として「６００〜３０００万円」規模の年収レンジとなります。月額の平均は65万円、トッププレイヤーでは月額２００万円を超える人もいます。

中には、フリーランスから始めて、それを組織化して仕組みをつくり、報酬が５０００万〜1億円以上になった人もいます。僕の知人のプロ営業も、この方法で1億円以上の報酬を得ています。

このように**フリーランス営業には非常に夢がある**と言えるでしょう。それこそ商材によって、報酬も青天井です。

なぜこのような報酬が可能なのかというと、営業は一見、労働集約型に見えますが、扱う商品次第でトップランナーを狙えるためです。

営業支援のみだと月額順位になりがちですが、たとえば不動産などで1億円の商品を仕入れて販売すると、６％で６００万円の収益となり、金額も大きくなります。また、Ｍ＆Ａの仲介、人の紹介なども高額になりやすいです。

1万円の商品を１００人に売って１００万円にする考え方もありますが、1億円の商品を10

％のマージンで販売すればそれだけで１０００万儲かります。つまり、営業という仕事は**レバレッジが効く**のです。

「エンジニアもレバレッジが効く」と言われていた時期もあります。ソースコードを書いたり設計したりすると、マックスでも３０００～５０００万円ぐらいになります。ただし、実動時間が大きく引っ張られるためエネルギーを集中させる必要があります。

やはり、１億円以上を目指すのであれば、扱う商品、仕入れる商品によっては上限がない、営業のほうが夢があります。あえて起業しなくても、プロ営業になればそれが可能なのです。

## 1【仕入力】

### 自分が売れる商品を仕入れること

プロ営業の仕入れは、自分が扱える商品を仕入れることが大事です。

もちろん、高い商品を仕入れたほうが数字上は良いのですが、営業フリーランスとして生きていくことは、中長期のキャリアマップ、あるいは中長期の営業戦略も必要です。

そのため、商談機会を増やすことが大事なのです。

たとえば、一見さんを相手に１億円の取引を成立させれば、それで１年間は安泰でしょう。たしかに数字上はそうです。

しかし、営業としてのキャリアを考えると、**営業活動をし続けることで人脈を増やしたり、**

**新しい出会いをつくったり、新しい気づきを得たりする**ことも非常に大事です。

とくに注意したいのは、得られる情報が減ること。

組織に属していれば、いろいろな部署の情報、あるいは同僚の話まで、さまざまな知識が得られます。たとえ商談に行かなくても、会社の中にいれば情報が入ってくるのです。

しかしフリーランスになると、組織に所属していないぶん、自宅であったりカフェなどで空き時間を過ごしたりすることが多いです。その結果、**情報感度が錆《さ》びて**しまったり、ノウハウがどんどん古くなったりしてしまうのです。

そうした事態を避けるには、売れる商品を仕入れて、販売チャンスを増やす必要があります。

商談の場で会話を意図的に増やして情報を引き出したり、異業種交流会で社主や講師などに積極的に質問したりすれば、得られる情報もアップデートしますし、コミュニケーションスキルを磨くことにもつながります。戦略的に組織に属することも1つの手段です。

フリーランスとしてアンテナを張る貪欲さは、最新情報の仕入れという観点から必要です。

## 2【販売力】

### 安定稼働ができる状態をつくること（働く場所とツールと環境と人間関係）

会社員からフリーランスになると、これまで当たり前だったことが当たり前ではなくなります。

とくに販売に関しては、商品を仕入れた後に売り先を見つける行為ではあるものの、商談をする場所だったり、ＺＯＯＭの有料アカウントだったりなど、ツールも含めて細かい部分が配慮の対象となります。

顧客情報管理についても、会社にいた頃はＷＥＢツール、クラウドツールなどが使えたかもしれません。しかし、個人だとエクセルなどを用いて自ら行うこともあるでしょう。

そうなると、どこかの段階で限界がくる可能性もあります。それも含めて、適切な販売管理投資が必要になってきます。

人間関係についても同様です。

とくに、相談できる人をどうやってつくるのかが問題になるのですが、有料の顧問契約の他、原資がないうちはお金を払わなくても相談できる相手を確保しておくことが大事でしょう。

つまり、互いにギブ・アンド・テイクできる関係性をビジネスパーソンのうちに構築しておくことが望ましいです。

では、なぜこうしたことが「販売」につながるのでしょうか。

その理由は、仕入原価、販売管理コストなどは、売上に紐づかない販売だからです。

給料、地代、家賃などが「販売管理費」と言われている通り、売上にかかわらず発生します。

これらを適切に投資できているかどうかがポイントです。

もちろん、最初から大きな投資はできませんが、ここをケチると、安定的に販売ができなくなってしまいます。

場所についても、借りると決めたら、レンタルオフィスなどをきちんと押さえることが大切です。お金をケチってカフェで仕事をしていたら、取引先から「情報を渡して大丈夫かな」などと疑われる可能性があります。

たとえばZOOMなどに関しても、有料アカウントにしないと40分で終わってしまいます。それでは踏み込んだビジネスの話ができません。

実は、こうした**細かい部分で大きな差が出ます**。だからこそ、とくに販売にかかるコストは、迷わずに投資しましょう。

# 3【運用力】時間対効果を見極める

案件を複数預かる場合、自分のかけた時間と成果の関係を精査する必要があります。

もちろん、すべての案件でフィーをいただいているのが前提ですが、個人のパフォーマンス全体を見たとき、時間対効果も踏まえて最大化・最適化できているかどうかをチェックすることが大切です。

当然そこには「継続できる仕事量かどうか」という視点もあるでしょう。

それらを数字で管理するのがポイントとなります。

現実には、仕入れは読みづらいものです。良い商品を仕入れられれば最高ですが、一方で、自分の**時間をかけたパフォーマンスがどのくらいのリターンを生んでいるのか**も見ておくべきです。

営業フリーランスとしては、自分自身のパフォーマンスを厳しく追いかけることが、案件パフォーマンスの最適化にもつながります。

会社員から個人事業主になると、コスト意識が敏感になります。これまで会社が支給してくれていた交通費、携帯代、パソコン本体の価格などが徐々に気になるはずです。

コストだけでなく、投下した時間的リソースを気にしましょう。自分の時間が商品となるからです。そこに責任をもてるのは自分だけです。ただし、成長のための時間投資になっているのであれば、多少損してでも、成長を買うべきです。

# 4【突破力】自分に投資をしてリターンを最大化する(自分が最大の商品)

フリーランスは、自分に投資することでリターンを最大化できます。

たとえば僕の場合、自分のリソースを投資して動画を作ったり、本を作ったりすることで、営業を半自動化しています。

独立した1年目は、自分で営業しまくれば何とかなったのですが、やがて「これを続けるのはキツいぞ」と考えるようになりました。事実、目の前の案件が大事になればなるほど、新規の仕入れをする余裕がなくなっていたのです。

また、今のお客様とうまくやることに固執すると、お客様の耳が痛いような大事な指摘ができなかったり、値引き交渉に負けてしまったりする状況を生みます。「そうですよね」と話を合わせていれば、「じゃあ、引き続きお願いします」となるからです。

そうした状況において「このままでは未来がない」と僕は感じました。

**自分の言いたいことが言えないと、本気のフィードバックをもらえません。**

そこで新規顧客を獲得するべく、自分の営業スタイル、あるいは自分の営業活動を動画にして伝えることが、突破口になると考えたのです。

スタートしたのは2017年頃ですが、まだ「ビジネス系ユーチューバー」などもおらず、動画から問い合わせをいただくことができました。

書籍の出版も同様で、本をきっかけに案件を受注できたことは少ないのですが、値引きをせずに済んだ経験は何度もあります。自著を発行した実績が、値踏みをされない理由、もしくは自分を守る武器になっていたのです。

そう考えると、それまでの営業活動を一旦止めて、自分に投資したことが功を奏したかたちです。お金はそれほどかけられなかったのですが、時間を投資したことが実のある結果につながりました。

とくに動画に関しては、当時、スキルも予算もなかったので制作会社に対し「動画を作ってもらう代わりに、僕が営業をして案件を取ってきます」などと交渉し、費用を相殺していました。そのようにして持ち出しを防ぐ努力をしていたのです。

実際には、100万円の費用が必要なところ、200万円ぐらい受注し、そこで賄ってもらったかたちです。バーターと言えばバーターなのですが、そういう取引を成立させることも営業力のなせる技ですし、また突破力による成果と言えるでしょう。

# 5【発想力】

## 成果報酬を取り入れる（青天井にする方法、ただし発注元に注意）

プロ営業の報酬を青天井にするには、「成果報酬を取り入れる」という方法があります。そうした発想が、さらなる成長をもたらします。

ただし、独立当初から成果報酬でやるのは危険です。なるべく最初は、営業支援企業として案件を預かることをお勧めします。

理由としては、「成果報酬でお願いします」という会社は、販売努力をしなくても売れている会社か、もしくは予算が出ない会社のいずれかだからです。

たとえば、ソニー生命の商品は何もしなくても売れます。ですので、「売りたかったらどうぞ」というスタンスです。

一方でスタートアップなどの場合、予算がないため営業職を雇えず、「売れたら、そこから払います」となりがちです。

後者のほうが案件を取りやすいのですが、「営業活動をする」というコストはこちらが先出ししなければならず、預かった商品のパフォーマンスが思わしくなく、商品が理由で売れないと、自分自身のコストを取り戻せない可能性もあります。

たとえ「画期的な商品です」と言われても、画期的すぎて売れないこともあります。自分の身を守るためにも、最初から成果報酬で受けるのはやめたほうがいいのです。

反対に、固定報酬として営業活動コストを支払ってくれる会社であれば、財力がある証拠ですし、「営業をしなければならない」ことが課題として明確なため、うまくいきやすいです。売れるサポートもしてくれるでしょう。

やはり、双方のＷＩＮ―ＷＩＮを考えると、**最初は固定報酬を出す会社を探す**ことをお勧めします。

ただし、固定報酬にもデメリットがあります。それは、自分の時間以上の報酬をもらえないことです。

その場合には、「固定報酬を落として、成果報酬の割合を入れてください」などと相談することで、状況を変えられます。

たとえば「月額50万円で動いてください」と言われたとき、「固定報酬を30万円に落として、

**成果報酬を5パーセント**くれませんか？」などの交渉が可能です。

お客様側からしても、リスクを抑えたいフェーズであれば、WIN—WINになります。自分自身と顧客の事業フェーズ、双方のニーズを把握しながら、杓子定規ではない、機転を利かせた提案方法を、いくつかのパターン持っておくとよいでしょう。

# 第8章
# 営業
# ↓
# 社長

## 経営者も営業
## （株主を客とする、従業員を客とする、パートナーを客とする）

狙える年収レンジ

**1200～3000万円。１億円以上も**

# 【相手に応じてメッセージを変えていく】

この場合の「経営者」は、起業というよりも、営業から出世して社長になるパターンを指します。

「営業時間」のところでも説明したように、ビジネス、経済活動はすべて営業です。ただし、一般的な営業活動の顧客が「クライアント」のみであるのに対し、経営者の場合は3つのタイプがあります。

具体的には、「株主」「従業員」「顧客」です。

人事の場合も、従業員をお客様として扱いますが、そこに株主・顧客も加わってくるのが経営者の特徴です。

そして、それぞれに対して言うべきメッセージを変えていく必要があります。

まず株主に対しては、「株主利益を最大化します」「そのためにこういう施策を行います」などの説明をします。

次に従業員に対しては、「従業員の幸せがもっとも大事です」「そのためにこういう施策を行います」と伝えます。

最後に顧客に対しては、「お客様が第一です」「そのためにこういう施策を行います」などと発信するのです。

これは決して〝二枚舌〟ではありません。行っている6つの施策のうち、2つは株主向き、2つは従業員向きで、2つはパートナー向きというだけです。

このように、スポットライトの当て方を変えていくことが、社長としての責務となります。

## 【数字をつくれる人は強い（結局売れなければ経営ができない）】

営業部長から社長になった人は、販売力に長けていることが多いのですが、販売だけだと商品が作れないこともあります。

また、売ることばかり考えていたり、困ったら販売計画を伸ばす、を繰り返したりしていると、顧客ニーズについていけないこともあるでしょう。

具体的には、「売上目標が足りないから自動車をもっと売れ！」と連発していると、電気自動車の可能性、あるいはガソリン代の推移を踏まえた対策など、仕入れも含めた総合的なジャッジができません。

それでは経営者は務まらないでしょう。

需給バランスにおいて、圧倒的に供給不足の時期が続くときは、販売一択でも大丈夫です。

昭和後期（高度経済成長期）などはそうでしょう。

しかし平成に入り、ビジネス環境の変化が早くなると、**販売計画一辺倒ではどこかでガタがくる**可能性があります。

2000年代、インターネットの台頭もそうですし、近年では「DX」「AI」などの技術も取り入れていかないと、ビジネスとしていずれ淘汰されかねません。

ビジネスを取り巻く環境の全体像を俯瞰して、販売一辺倒ではなく、仕入れも含めて**数字を作れる人**が経営に携わるべきです。数字の源泉となる良い商品を仕入れられる人が**最強**なのです。もちろん営業出身でなくても、売れる商品を開発して販売できる社長であれば、仕入力を活かして成功できるでしょう。

重要なのは、販売力だけに頼るのではなく、仕入れもできることです。

## 【ビジネスはすべて営業活動／社内コミュニケーションも営業活動】

経営者には、社内コミュニケーションも大事です。

会社が大きくなると、従業員が社長と接する機会が減ります。そのような状況で、「社長に声をかけられた」「社長が話を聞いてくれた」などの体験は、従業員にとって非常に大きなものです。

小難しい理屈よりも、「おい、○○くん。がんばってるね！」というひと言がいちばん従業員の気持ちを動かすのです。

これは、お客様とのやり取りでも同じでしょう。理屈を述べるのではなく、「体調は大丈夫ですか？」と気にしてあげたり、SNSを見て「お子さん生まれたんですね、おめでとうございます！」などと声をかけたりしたほうが、相手の心象に良い影響を与えます。

とくに社内コミュニケーションにおいては、従業員の心を動かせるように配慮するべきです。その点をより突き詰めることで、社内の雰囲気も変わります。

営業出身の社長であれば、**そのあたりの空気感**はよく理解しているはずです。むしろ、そこを期待されていると自覚するべきでしょう。

あくまでも営業職の延長として社長になっていることを受け入れて、営業のときに結果を出した行動を継続し、社内で実践するべきです。

間違っても、社長になったから偉そうにしていたり、忙しいからと従業員の相手をしなかったりすると、そうした姿勢がお客様にも伝わってしまいます。

たとえば、取引額が少ない会社の場合、配慮に欠けた発言をすると、相手が「どうせうちなんか相手にしていないんだろう」と感じてしまいがち。不思議なものですが、人はやられたことをやり返してしまう習性があるので、言葉遣いは大切です。

それらも含めて、**社内コミュニケーションが営業活動につながっている**ことを忘れないようにしましょう。

# 【狙える年収レンジ（1200～3000万円。1億円以上も）】

営業から経営者になった人の狙える年収レンジは、おおむね「1200～3000万円」となります。

いわゆる「社長募集」の案件があまりないので一概には言えませんが、一般的には1200万円前後が1つの指標になるでしょう。

また、**上場時の役員報酬の平均値は約1700万円程度**です。これは、税制の問題もあってのことでしょう。加えて、インセンティブだったり株式を持っていたりなどのパターンがあるため、実際の報酬額はケースバイケースです。

ちなみに大企業では、役員レベルでも1000～3000万円規模のケースがあります。ユニクロなどは、部長でも2000万、執行役員で5000～8000万円、社長が1億円以上です。オープンハウスも、取締役以上で1億円超えです。あとは財閥系の会社の社長もおおむね1億円を超えています。

もちろんこれらは目安ですが、自分の年収を上げていくという方向と会社の利益を生み出すのは、イコールになるところと、そうでない部分があります。可処分所得を増やすことだけ考えるのであれば、個人事業のほうがメリットは大きいです。

むしろ、大きなビジネスがしたいという発想と意欲のほうが上回り、自分の部下となる役員の報酬を上げるための水準を作れる人が、経営者には向いています。

## 1【仕入力】売れる商品を仕入れる、売れる人を採用する

起業家としての仕入れは「売れる商品を仕入れること」ですが、ある程度の規模の社長の場合、仕入れとして重要なのは「人」です。

つまり、**仕入力が高い人をどれだけ採用できるか**がポイントになります。

裏を返すと、「このスクリプトを読んでください」「この商品の説明をしてください」など、暗記したらできることで、販売力を身につけるのはそれほど難しくありません。言わば量産可能です。

しかし、仕入力を量産するのは難しいでしょう。ないところから仕入れてきたり、会社にないものを新たに持ってきたりする能力は、**天性の才能、異様に高いモチベーション**がなければ成立しません。

それをできる人を採用できれば、社長の仕事はほぼ完了と言っても過言ではありません。

その後の販売はマスターすれば容易にできますし、運用も、ビジネスが動いていればデータを収集し、実践することが可能です。

これに対して、仕入力、突破力、発想力などは、個人の能力によるところが大きいため、量産はなかなかできません。

その中でもとくに重要な仕入れができる人を採用すること。「商品を仕入れられる人」「売れる人を採用できる人」を採用できれば、何もないところから価値を生み出せるため、事業の拡大が見込めます。人を観る眼が社長には求められます。

# 2「販売力」

## メンバーが売りやすい状態をつくる（資料化、事例収集、マニュアル化）

販売は量産できると述べましたが、社長としては「実績レベルの低い人であっても販売できる状態を作る」ことが重要となります。

社長は、どこかの段階で必ず壁にぶち当たります。「うちは優秀なやつがなかなか採れない」という状態です。

それには2つの理由があります。

1つは、会社の知名度、あるいは採用競争力が低いこと。これでは優秀な人を集めるのは難しいでしょう。

一方でソニー、トヨタ、ソフトバンク、楽天などの会社は採用競争力が高く、面白そうな仕事ができそうなので人は自然に集まります。

しかしそうでない会社は、知られていないのと同じです。ですので、優秀な人材の採用に頼らない状態を作る必要があるのです。

もう1つは、社長自身がどんどん優秀になっていくこと。

とくに組織のトップはいろいろな情報を得られるため、知識が加速度的に蓄積されていきます。その結果、現場との情報格差が積み重なっていき、自分より優秀な人が現れる確率が下がっていくのです。

以上のような理由から、現場との乖離が起こり、社長は「なぜ優秀な人が採用できないのだろう」と思ってしまうのですが、大切なのは「**できない人でもできる状態を作る**」こと。その努力が販売力の強化につながります。

もちろん、競争優位性の高い商品を仕入れるのがベストです。しかし、すべての商品の商品力が高くて売れていくわけではありません。

そこで、資料を作ったり、事例を作ったり、マニュアルを作ったりなどの作業を経て、「このスクリプト通りにお客様に話せば売れる」状態を作るのです。それを社長の責任で行いましょう。

会社の規模にもよりますが、「営業→社長」という流れを考えると、営業部長に任せるよりは、自分が最終責任を負うことが重要な意思決定となります。

とくに、営業あがりの人が社長になっている場合、営業出身ではない人が役員にいる可能性が高いです。その場合「この資料ならお客様に響く」「この事例を聞かせたら響く」などの**感度は社長がもっとも高い**はずです。

ですので、営業出身である以上、社長はその点の努力をサボらないようにしてください。営業に関しては自分が一番詳しいはず。それを自分の部下である部長などに任せるべきではありません。

営業部長に対し、結果がともなわないときだけ「この資料じゃ分かりづらいよ」などと後出しジャンケンをするのはいけません。最初から自分で責任を持つこと。それが営業出身社長の責務なのです。

# 3【運用力】観察する、人の心を動かす

仕入れができる人を採ることは、必ずしも「外から採用する」だけに留まりません。中から抜擢することも可能です。

たとえば、販売で結果を出していない人に対し、「本当は仕入れ、つまり価値を生み出す才能があるのではないか」などと考えたり、あるいは「営業では結果が出ないけど、バックオフィスならできるのではないか」などと検討したりします。

つまり、観察によって従業員の才能を見出すのです。

やはり、会社の最大の資産は人です。

ですので、**その人が生み出す価値を最大化したい**のであれば、相手のことを知らなければなりません。そもそも従業員の顔と名前が一致しない状態では、個人のストロングポイントを見過ごしている可能性があります。

同時に、抜擢した人の**採用のパフォーマンスを最大化する**ことも重要です。抜擢した従業員の心を動かすための工夫をしましょう。

具体的には、その人のモチベーションの源泉を把握することです。要は「お金」なのか「やりがい」なのか、などです。ハイパフォーマーであれば、目標の達成度合に応じてインセンティブ報酬設計を持ちかけてもいいでしょう。

そのような運用によって、従業員の心を動かすことができます。

トッププレイヤーの心を動かせるのは社長しかいません。トッププレイヤーをずっと引き留めておくためにも、それが社長の仕事なのだと自覚し、自ら営業するのは控え、**従業員の心を動かす**ことに専念しましょう。

## 4【突破力】

### 仕入れ原価0円を探す

すでに紹介したように、サイバーエージェントでは仕入れ原価が発生するものを自分たちで作る、つまり内製化していました。

またオープンハウスも、土地を仕入れて建物を作って売るなど、仲介業者から製販一体型のデベロッパーへと進化しています。

こうした工夫は、「利益率をどう最大化するか」という課題に向き合った先にあります。つまり、それが社長にとっての突破力になるのです。株主に還元するという意味でも、従業員に還元するという意味でも、利益率を最大化することは重要です。

そのための策として、原価がかからない商品をどう作るかがポイントです。もしくは、今の商品の原価をゼロにするための工夫でも良いでしょう。

こうした発想が、突破への道となります。

端的に表現すれば、これは「業績を上げる」ことに尽きます。

給料を増やすことも、利益率を上げることも、結局は業績への貢献です。**業績を上げることが、株主、従業員、お客様に報いることになる**のです。

そのための施策は、原価を下げていくこと。あるいは、今のビジネスは変えられなくても、「次のビジネスを、原価がかからないかたちで伸ばすにはどうしたらいいのか」を考えるのです。

ただし、原価率を下げると言っても、コピーを白黒にしたり電気をこまめに消したりしても突破にはつながりません。生産性が下がるだけです。

たとえば、僕の会社の場合、年間１００名採用を続ける中で、人材会社への支払い額が数千万円単位で年々大きくなっていました。「採用人件費」に対して、今いるメンバーの友人・知人を紹介してもらうことで**採用人件費にかかるコストを劇的に改善**することに成功しました。

いわゆる「紹介採用」ですが、制度として存在していても、実際に機能していないケースがほとんどです。僕の会社では、紹介が生まれる可能性が高いメンバーに絞って伝達しています。

具体的には「野球部出身者」に対象を絞り込みました。自社の社風と合う人、競合が狙わない層にターゲットを絞った結果です。野球部メンバーに絞って活動することで、選ばれているメンバーが使命を遂行できました。

商品だけでなく、採用人件費なども含めた「仕入れコストをゼロにする」という切り口で考えてみるのもおすすめです。

# 5【発想力】

## 商品を無視して売上・利益から逆算する

社長業を任せられると、見るべき変数が多すぎるため、運転でいっぱいいっぱいになりがちです。

自動車の運転でたとえると、「速度」「エンジンの回転数」「ガソリンの残量」「カーナビ」など、見るべき変数が増えすぎて、運転だけで手一杯になってしまうのです。

けれど、そもそも「行き先」を決めないと、それが適切かどうかもわかりません。

会社にとっての「行き先」とは、定性の目標である「**ビジョン・ミッション・バリュー**」に対する、定量の「売上・利益」です。これを決めるのが社長の仕事です。

たとえば、「100億円目指します」「1000億円目指します」「1兆円目指します」などと示し、それを「いつまでに」「どのように」「何のために」と決めることで、計画が定まります。

方針を決めずに現状の改善ばかりしていると、その先の道がないこともあります。ですので、まずは**行き先を決める**ことが社長の仕事なのだと認識しておきましょう。

目標となる売上・利益は、言わば「距離」です。距離が決まり、そこまでの時間が決まると、スピードも決まります。いわゆる「はじきの法則」です。

野球で考えてみましょう。

「今シーズンから監督になりました！」という元選手はたくさんいますが、そのほとんどが「優勝を目指します！」「日本一を目指します！」と言っています。

しかしそれは目標を決めたことにはなりません。なぜなら、そこを目指すしかないからです。

「今シーズンは2位を目指します！」と言う人はいないのです。

野球監督の場合は興行もあるため仕方ない面もあるのですが、大切なのは行き先をきちんと決めること。スポーツチームの延長では、目標設定の練習は果たされないのです。

「体育会出身の人は仕事ができる」という説も一部であります。しかし実情は、ゴールを自分で決めていない人が多いです。彼らは、相手に勝つことしか考えていないのです。

それは個人競技であっても同じです。ギネスであったり、前回大会の順位であったり、それを目標に掲げるだけでは発想が乏しいと言わざるを得ません。

ビジネスの場合、たとえば「業界ナンバーワン企業を抜く」ことは1つの目標になりますが、それに向かって現実的な数字を自分で決めるのが社長の仕事でしょう。

数字に向き合うことから逃げてしまうと、簡単に易きに流れます。一度緩んだ企業風土は、立て直すのに相当の出血をともないます。「ミスをしないこと」だけに注力し、時代の趨勢を見誤るからです。

ミスをしないことだけに囚われる社長は、行き先がないまま安全運転をし続けるようなものです。たしかに安全かもしれません。けれど実際は一歩も進んでいないのです。

# 第9章
# 営業
# ↓
# 役員

## ビジネスパーソンの最高峰（取締役と執行役員の違い）

狙える年収レンジ

**1000～3000万円**

# 営業力を使った事業開発がポイント（部長と役員の差）

**ビジネスパーソンの最高峰は執行役員**です。

取締役などを「役員」と表現することはありますが、それはあくまでも会社法上の必要ポジションでしかありません。べつに取締役だから偉いわけではありませんし、取締役を外れたから降格でもありません。監査役もそうですが、「キャッチャーがいないと野球が成立しないから、必要」というイメージに近いでしょう。

一方で執行役員は、法的な立場ではなく、あくまでも出世した従業員です。取締役とは異なり、クビになることはほぼありません。ですので、ビジネスパーソンがまず目指すべきなのは執行役員です。

とくに、営業職として入社した人が出世したいのなら、執行役員を目指しましょう。

ちなみに、その先に社長もあるのですが、「社長執行役員」と「取締役社長」には違いがあります。社長執行役員は、役員ではありますが、「CXOとしてもがんばってくれる立場の人」です。けれど代表ではありません。そういう立ち位置なのです。

また、取締役の報酬は1年間変えられません。けれど、執行役員社長は業績連動評価などにすることで、報酬を青天井にすることもできます。

このように社長、役員、取締役などの言葉（役職）はありますが、それぞれの定義を正しく理解し、自分は何を目指すべきかを知ることが大切です。

## 【部長の先にある執行役員になれる人・なれない人】

営業成績を上げた先にあるのがトップセールスというポジションだとして、さらにマネジメントラインにチャレンジできるのが部長です。

では、**部長止まりの人と、さらにその先に進める人の違い**はどこにあるのでしょうか。

それは、事業を作れるかどうか、もしくは事業を任せられるかどうかです。

事業というのは、売上の販売計画だけでなく、仕入れ、もしくは会社の文化も含めた三次元の塊を任せられるかどうかです。

トップセールスは、売上をどれだけ作れるか。部長は、売上とコストを二次元的に見ること。そこに人材育成を含むマネジメントが加わるぐらいです。

その先にある役員は、事業として会社の継続的な成長に寄与するか、もしくはその事業に携わる人材が次の経営人になれるかどうかにかかっています。そのため、中長期の投資も含めて**三次元で見る**必要があります。

つまり、事業人材開発、社風・文化形成も視野に入れて働くのが役員なのです。

そうなると役員は、営業力を四方八方、全方位で使う社長の一歩手前のポジション、とも言えます。株主責任は負わないものの、全顧客・全従業員に対して責任を持ちます。

## 【狙える年収レンジ（1000～3000万円）】

転職時に執行役員が狙える年収レンジは「1000万～3000万円」です。ただこれも、会社の規模によって変わるため、目安として受け止めてください。

ちなみに**役員は、社長より優秀な人のほうがいい**というのが僕の実感です。

社長というのは、キャラクターだったり象徴だったりします。ですので、必ずしも実務の面でも優秀である必要はありません。

むしろ社長業は、〝天皇陛下〟に近い部分があります。天皇陛下には、プレゼンテーションが得意だったり、事業開発ができたりすることは求められていません。品格、象徴として振る舞ってほしいと考えられています。

政治家も同様です。政党の象徴となれること、あるいは生き様にポピュラリティがあることと、実務能力に長けた官僚や秘書とはスキルセットが異なるのです。

その点、役員というのは政治家の秘書に近いかもしれません。いかに折り合いをつけ、いかに帳尻を合わせて、政治家や政党のビジョンを具現化するか、という話だからです。

会社も同じです。

ミッション、ビジョン、バリューをどう具現化するかについては役員が担い、社長はイメージスピーカーとなります。**ときには社長さえも〝駒〟として使える人**こそ、役員に向いているのです。

# 1【仕入力】

## 社長の信頼を獲得する

**役員としての仕入れは、「社長の信頼を獲得すること」**です。

役員として転職する場合は、「優秀な社長を見つけること」が仕入れとなります。

しかし、社内で出世した場合は、社長の信頼を獲得することが大切です。それがすなわち、役員にとっての「ないものを作ること」につながるからです。

事実、社長から信頼されていれば、仕事が進めやすくなります。わざわざ「これでいいでしょうか？」などと聞く必要がないからです。

社長から「**すべて君に任せた**」という状態をつくれるかどうかが、役員としての力量となるでしょう。

とくに役員の仕事は、ビジネスサイズが大きいものが多いです。そのため、意思決定に要する時間がどうしてもかかります。

具体的には、さまざまなステークホルダーの了承を得なければならず、そのためのエネルギーと時間が必要なのです。そのようなときに、いちいち社長の許可を得ていると、さらに意思決定が遅くなってしまいます。

そうした事態を避けるためにも、あらかじめ社長からの信頼を獲得しておくことが求められます。あとから重要案件の報告をしても「問題ない」と言ってもらえるくらいの関係性の構築が大事です。

社長との関係性の密度が、役員にとっての仕入力となるのです。

## 2【販売力】社長の頭の中を可視化する（伝達可能なものにする）

役員の仕事は、社長が考えていることを可視化し、それを顧客や従業員を含めたステークホルダーに熱を持って伝えることです。自分が生み出すオリジナルコンテンツではなく、社長の発信を正しく伝え、浸透させることが仕事です。

たとえば、テキストに起こしたり、動画にしたり、あるいはパンフレットなどの資料にしておくことは大事な作業になります。

重要なのは、「伝達可能な状態にしておくこと」です。

キリスト教で言うと、聖書はキリストが作ったのではなく、キリストを慕い、取り巻いていた人たちが「この話を伝えよう！」と動いた先に作られたものです。そうした動きが役員にも求められます。

それこそ、大陸の端から端まで聖書を知らしめることが、布教活動、つまり〝普及活動〟となります。

社長の頭の中をふさわしい表現で広報できること。それを、いつでも引き出し可能な状態にしておきましょう。

**社長の意図を可視化できる力量**がないと、良い関係が構築されないし、社長自身が毎回話さなければなりません。そうなると、タイミングと視座がズレてしまい、1分を争うような好機を逃すことになってしまいます。

たとえば僕の会社で、社長が「売上を伸ばして、みんなで稼ぐぞ！」と創業期からメッセージし続けたとします。会社が大きくなるにつれて、そのメッセージの「稼ぐ」だけが一人歩きしてしまうことがありました。ここで役員メンバーが「稼ぐ」という言葉の本質的な意味を新しいメンバーに向けて説明する必要があります。「うちの会社に来たから稼げるのではなく、**お客様の成果貢献をした先に稼げるという結果がある**だけなんだ」と。

会社の規模にもよりますが、社長は、現場の従業員とは視座が異なります。見えている情報量や俯瞰の精度に差があるのです。

社長が自らの考えをそのまま伝えても、意外にピンとこないケースが多いのはそのせいです。

スピード感がある会社ほどそうした傾向にあります。

ズレをなくし、**社長の言葉が的確に伝わるように「翻訳」する**のが役員に求められる営業販売力としてのスキルなのです。

## 3【運用力】

### コミュニケーションパイプラインを整備する

役員に必要な運用力は、主に「会議体の運用」を指します。

社長と従業員のあいだには、視座と情報量の違いがあると述べました。その点を踏まえて、役員は、社長の考えを上から下へと伝播するための会議体を運用します。

具体的には、取締役会、経営会議、部門会議、さらにはその下にある課の会議などが挙げられます。

これらをきちんと設計し、リスケすることなく「毎週」「毎月」のように定期開催していきます。そして、そこでの情報を整備し、誰でも見られる状態にしたり、見られる人を制限したりするのも重要な役割です。

会社は、コミュニケーションの順番と頻度を一定にすることで動いています。よく「体」にたとえられるのですが、頭で考えたことを、手足を使って前進させていくのが組織です。

そのとき、伝達のスピードが早すぎると手足が絡まってしまいます。頭の回転が早すぎて指示がズレると、右手と右足が一緒に出て転倒してしまうこともあります。つまり、一定のタイミングと一定のリズムで情報と行動を更新していかないと、組織は前に進まないのです。組織規模が大きくなると、社長だけでは、このバランスが保ちづらくなります。

その際、**結節点となる部長・マネージャーなどの中間管理職をうまく使って、個々の情報連携を確実なものにしていく**必要があります。定期的な会議が必要なのはそのためです。

「毎週話そう」と思っていても日程を決めておかないと、皆それぞれ忙しいこともあり、「今週はしなくてもいいか」となりがちです。そうではなく、「水曜日の朝イチ」など、日時を決めて取り組むことが組織として大切です。

定点観測を怠ると、その活動主体のチームやメンバーが迷ってしまいますし、情報認識に乖離が生まれ、間違った方向に進んでしまうこともあるでしょう。

社内の情報と発信・受信リズムを一定にすることが、役員としての責務となります。

## 4【突破力】

### 社長の困っていることを誰よりも先に解決する

役員の突破力は、社長の困りごとを解決することで発揮されます。

もちろん、社長が間違っていることもありますし、ズレている可能性もあります。役員が、そこを優先的に解決することで信頼感が醸成され、一任されます。ひいては、会社を動かすことができるのです。

とくに、自分がやりたいことと社長のやりたいことがズレているときには、**社長をうまく手懐ける**ことも突破力になります。そこで必要なのは、やはりギブ・アンド・テイクの発想です。

社長は、営業で言うところの〝決裁者〟にあたります。決裁を得るには、役員は社長の懐に飛び込んでうまく誘導し、ギブ・アンド・テイクし、断りづらい状況をつくることで自分が通したい議案を通せばいいのです。

まさに、営業力が問われる部分であり、駆け引きでもあるでしょう。

そのような下準備ができていないまま、理屈だけで押し通そうとすると、社長から拒否感情を持たれるリスクがあります。否定される機会が増えるにつれ、社長の言うことを聞くだけのつまらない関係になってしまいます。

秘訣は、懐柔するという意味において、社長が困っていることを優先的に解決すること。

それが、とくに自分がやりたい事業を推進・実現する際、突破力としてアクセルのように利いてきます。

# 5【発想力】
## 社長を会長にする方法を考える

役員における発想力で特徴的な人事があります。それは、社長を会長にする方法を考えること。つまり、**相手を出世させる**ことです。

実はこうした発想は、営業の基本でもあります。

お客様から預かっている案件を適切にこなしたり、あるいは相手の期待以上に応えたりすることで、その相手は出世します。これは**営業力を発揮してできる最大の貢献**と言えるでしょう。

僕にも原体験があります。

会社としても個人としてもそうですが、「福山さんのおかげで出世できました。本当にありがとうございます」などと評価されるのは、まさに営業職の醍醐味。この醍醐味は得がたいものです。

役員としての振る舞いも同様に、トップ・オブ・トップの現状に満足するのではなく、社長をさらに出世させることを目指すべきです。

「お互いに社長と役員だからここまで」と考えるのではなく、**自分が見込んだ人間をさらに押し上げる**にはどうすればいいかという視点で、紳士的に向き合い続けるのです。

「会長」というのは1つの肩書に過ぎませんが、社長を押し上げる（安心して任せてもらう）という発想を持つこと自体、役員として必要な視座と言えるでしょう。

当然その先には、自分が社長になることも視野に入ってきます。たとえビックリ人事が発動され圏外に押し出されても、会社がより繁栄していくためには、そのような役員の発想力が欠かせません。

# おわりに

## 【営業力とプライベート（仲間・家庭づくり）】

たとえば、大切なパートナーを見つけたり、結婚相手を探したりするとき。営業職として人を勝たせてきた経験が大いに活かかせます。

それは、会社において役員や社長がもつ視点と同じです。

具体的には、目の前の人の悩みに寄り添ったり、お互いの利害を一致させ、共同プロジェクトをつくるなどの発想がプライベートでも応用できるのです。

家庭内でも同様です。

僕自身、「家事も仕事」という根本思想があり、家庭環境をつくることも無意識にはできないと考えています。自他共に人生の満足度を上げていく工夫、幸せを追求するための支援も不可欠という発想です。

営業力を使って必要な知恵・知見を仕入れてくることができれば、家族との関係は良好になります。

自分自身の価値をどう販売し、どう可視化していくのかも大事ですし、それらを運用したりROIをきちんと計測したりするために、ミーティングするのもいいでしょう。

もちろん、数字だけを見てしまうと殺伐とした関係になってしまうため、基本的には、定性評価でチェックすればいいでしょう。

父親としてどのような振る舞いをしているのか。旦那としての振る舞いは正しいのか。そのような、営業力を活かした振り返りも、良い家庭環境づくりに役立ちます。

さらに、突破力、発想力についてはどうでしょうか。

家庭環境をつくる上で、必要な時間を確保したり、ときには時間を買ったりするなどの工夫が、突破力、発想力につながっています。

たとえば我が家でも、2か月に1回はホームクリーニングをお願いしています。子どもが3人いることもあり、家事をアウトソースすることで負担を減らしているのです。

あるいは、乾燥機付き洗濯機の導入なども、同じ発想に基づいています。つまり、家庭の時間をつくるための工夫です。そのような運用によって、現状を突破する発想が生まれることもあるのです。

あとは、大切な家族の思い出をつくる上で、旅行に行くなどの時間が取れなくても、日常を写真や動画に収めてアルバム・VLOGをつくるなどして、家族に対して都度〝営業〟しています。それもまた、営業力の応用と言えるでしょう。

習得した営業力をプライベートにも応用することが、自分自身の幸せにも結びついていきます。キャリア形成に加え、人生におけるあらゆるシーンにおいて、営業力をおおいに役立てていきましょう。

## 福山敦士（ふくやま・あつし）

**DORIRU株式会社 代表取締役**
**キャリア教育研究家**


---

◉新卒でサイバーエージェントに入社し、グループ会社CA Beatの立ち上げ、シロクの取締役営業本部長に就任。

◉27歳で独立起業後、クラウドソーシング「neconote」、第二新卒向け職業紹介、アスリート特化YouTube事業などを起ち上げ、４度のM&A（売却）をすべて上場企業へ実行。

◉ショーケースへのM&A時、同社取締役人事本部長に就任。

◉PMI、組織改革、採用育成、人事制度再設計、企業買収、新規事業開発（エイトバズ）などに従事。

◉2020年、ギグセールス（現：DORIRU株式会社）と合併。2022年より同社代表取締役就任。

◉慶應義塾高校などで講師(ビジネス実践講座)を務める。

◉学生時代は野球ひと筋16年。甲子園ベスト８。

◉著書累計12万部超。３児のパパ。

---

# 稼ぐ！ 営業はどうキャリアを築く？

2023年1月25日　第1刷発行

著　　者　福山敦士
発 行 人　後尾和男
発 行 所　株式会社玄文社
【本　社】〒108-0074　東京都港区高輪4-8-11
【事業所】〒162-1811　東京都新宿区水通町2-15　新灯ビル
TEL.03-5206-4010 ／ FAX.03-5206-4011
http://www.genbun-sha.co.jp
e-mail：info@genbun-sha.co.jp
印 刷 所　新灯印刷株式会社


ISBN978-4-905937-90-6
＊定価はカバーに表示してあります。
＊落丁・乱丁の場合は小社にてお取り替えします。